FSC
www.fsc.org
MIXTE
Papier issu de sources responsables
Paper from responsible sources
FSC® C105338

Conception graphique : Quynh Chi NGUYEN

Photographies : Alexandre JACQUES

Relecture : Anne-Gaël LADRIERE, Nicolas AIME-APPERT

Edition : BOD Books on Demand,

12-14 Rond-Point des Champs-Elysées, 75008 Paris, France

Impression : BOD - Books on Demand, Norderstedt, Allemagne

ISBN : 9782322155590

Dépôt légal : juin 2021

ALEXANDRE JACQUES

LUTSUBOOK

LES 50 MEILLEURES RECETTES VÉGÉTALES DU BLOG LUTSUBO

Merci Michel,
pour ton soutien !
Je t'embrasse,
Alexandre

www.lutsubo.com

A mes deux piliers :

Ma tante Christiane,

et Nicolas.

●

Un livre

Quand j'ai commencé le blog Lutsubo, il y a quelques années, je ne savais pas où il me mènerait. Je voulais parler de ce que je cuisinais, communiquer le plaisir que je prends à nourrir ceux que j'aime et partager mes trouvailles. J'aime en effet aussi les voyages et la cuisine est pour moi intimement liée à la découverte des cultures nationales, régionales ou familiales...

Et puis la communauté autour du blog a grandi et le livre s'est imposé comme un prolongement naturel de l'écran. C'est un objet, on peut le toucher, le feuilleter, le prêter ou l'emmener dans sa cuisine. C'est une autre façon de partager.

Le Lutsubook se compose de recettes végétales, auxquelles je suis peu à peu venu, porté par ma curiosité. Rien ne me prédestinait à changer mon alimentation mais, en Inde par exemple, je suis toujours allé naturellement vers les plats végétariens, omniprésents et délicieux.

Si la cuisine végétale est avant tout de la cuisine, il y a toutefois quelques techniques, des ingrédients à connaître, de nouvelles saveurs à apprivoiser. Je me souviens d'un séjour d'amis américains végétariens à la maison, il y a quelques années, où je me suis senti bien désemparé...

Ce livre est donc destiné à donner quelques clés pratiques pour celles et ceux qui ont envie de découvrir, de changer ou juste de tester. Et n'oubliez pas qu'une recette est là pour guider, donner des indications indispensables, mais qu'on peut aussi l'utiliser comme une inspiration et l'adapter en fonction de ses envies, de ce que l'on a sous la main ou de la saison.

Cette sélection représentative du blog est complétée de recettes de base et d'un « placard idéal » pour que vous soyez parés quand l'envie de cuisiner est là. Car il est important, pour prendre du plaisir, d'avoir à peu près ce qu'il faut chez soi.

Sommaire

4
Introduction

8-9
Qu'y a-t-il dans le placard de Lutsubo ?

10-27
Quelques recettes de base

1. Préparation et cuisson du riz (thaï et basmati)
2. Bouillon de légumes
3. Dashi japonais
4. Pickles au vinaigre sucré
5. « Fromage » végétal
6. Sauce brune express
7. Pâte brisée
8. Galettes de haricots

28-59
Légumes et fruits

1. Belle croûte - Tourte poireaux, pommes de terre et lentilles
2. La Provence - Artichauts à la barigoule
3. A la provençale - Gratin de blettes
4. Le retour - Légumes d'été farcis
5. Lyrisme et umami - Soupe de chou vert au miso
6. Japonisante - Salade de chou-rave et radis red meat au ponzu
7. Le festin de Nakata - Aubergine grillée
8. Khmère - Salade cambodgienne de pomelo

9. Merveille grillée - Chou-fleur à l'israélienne
10. A l'orientale - Courgettes et aubergines grillées parfumées
11. Parfum de Sicile - Salade de fenouil à l'orange (Insalata di arance e finocchi)
12. Voyage à Paris - Aubergines à la chinoise
13. Chou express - Pak choï sauté à l'ail et au piment
14. Saveurs d'Asie - Aubergines fumées à la vietnamienne
15. Tourlou et géants - Gros haricots et courgettes au four

60-75
Légumineuses

1. Gourmand - Hachis Parmentier de lentilles
2. Éloge de la simplicité - Cocotte de haricots aux légumes
3. Souvenir de Sifnos - Revithada (soupe de pois chiches)
4. Parfum de Thaïlande - Mon curry thaï de lentilles vertes
5. Du Japon vers l'Inde - Rajma (curry de haricots rouges)
6. Envie d'Inde - Dal express
7. Chole ? - Pois chiches aux épinards (chana palak)

76-103
Pâtes, pain et riz

1. Magie de la cuisine - Mon phở chay
2. Khao pad - Riz sauté thaï
3. Chāhan - Riz sauté japonais
4. A la française - Riz sauté à la tomate et au thym
5. India express - « Egg » fried rice (riz sauté à l'indienne)
6. Pulao aux légumes - Riz pilaf à l'indienne
7. C'est grec ? - Prasorizo (riz aux poireaux)
8. Salade florentine - Panzanella toscane
9. Du pain et des légumes - Pancotto aux pommes de terre
10. Du mont Ventoux - Risotto de petit épeautre
11. Pasta e fagioli - Fusilli aux haricots rouges et à la courge
12. Mon chouchou - Penne au chou-rave

104-119

Tofu et seitan

●

1. Mon Afrique à moi - Un bon mafé
2. Le bel oreiller - Pâté en croûte de fêtes
3. Tofu à la citronnelle (Đậu hũ nướng sả)
4. Tofu au caramel et au poivre (Đậu hũ kho tiêu)
5. Cambodgien - Tofu lok lak
6. Tofu negi - Tofu teriyaki et poireaux grillés
7. Rouge cocotte - Tofu en sauce épicée

104-141

Desserts

●

1. Dessert d'enfance et gelée - Mon aspic de pommes
2. A ma mère - Tarte à la rhubarbe 100% végétale
3. Samosas sucrés - Petits triangles aux abricots
4. The American Way - Crumble gourmand aux pommes
5. Sans œufs - Amaretti 100% végétaux
6. Classique - Tarte fine aux pommes
7. Mamie - Cake aux fruits confits
8. Dessert limousin - Flognarde aux figues
9. Fruits d'été - Peach cobbler
10. Flognarde ? - Clafoutis à la rhubarbe 100% végétal

142-143

Remerciements

144

Sources d'inspiration

145

A propos de l'auteur

Qu'y a-t-il dans le placard (et le frigo) de Lutsubo ?

Bien sûr, chacun fait son placard et son frigo, consciemment ou non, avec ses habitudes culinaires, ses goûts et même son histoire familiale... Plus ou moins plein ou toujours un peu vide ! Et quand le frigo est vide et qu'on n'a pas ce qu'il faut sous la main, ça ne donne pas envie de faire la cuisine...

Je vous donne donc ici la liste non exhaustive de ce qui est dans le mien car il y a vraiment trop de choses. On pourrait prendre peur. Mais avec ça, on peut faire la plupart de mes recettes et de mes improvisations (nombreuses !).

Pour mes achats, je me fournis un peu partout car j'achète compulsivement les ingrédients que j'aime (même en voyage), mais la plupart se trouvent facilement entre magasins bio et magasins asiatiques (japonais et chinois).

Pour les épices, je me fournis essentiellement auprès de Shira et commande mon miso chez Sanga miso (disponibles en ligne). Ce sont des fournisseurs que j'ai eu la chance de rencontrer et leurs produits sont pour moi les meilleurs que j'ai pu trouver.

Placard

• Légumineuses sèches, pour les jours où j'ai du temps, ou en conserve au naturel : haricots rouges, noirs et blancs, pois chiches...,

• Lentilles vertes, lentilles corail et on peut ajouter lentilles jaunes indiennes (toor dal),

• Pâtes, plusieurs sortes dont mes préférées : les penne, les linguine et les orecchiette,

• Des nouilles d'Asie : nouilles plates de riz (pho), udons et vermicelles de riz,

• Riz : j'ai toujours a minima du thaï (riz jasmin) pour tous les jours, du basmati pour les recettes indiennes et du riz japonais. On peut ajouter un riz complet ou un riz rouge et un riz à risotto,

• Petit épeautre,

• Orge perlée,

• Tomates entières et pulpe de tomate en conserve,

• Purée de tomate italienne (passata),

• Sucre roux, sucre Muscovado et, éventuellement, brown sugar américain,

• Farine de blé T65 et farine de petit épeautre,

• Fécule de maïs,

• Protéines de soja texturées de taille moyenne (pour les farces),

• Levure maltée (levure de bière en flocons),

• Algue kombu,

• Champignons shiitake secs.

Réfrigérateur

- Tofu ferme nature et fumé, ainsi que du soyeux (pour les quiches et les clafoutis),
- Seitan (préparation simili-carnée à base de gluten de blé),
- Yaourts de soja,
- 2 ou 3 sortes de miso (jeune, entre deux et miso de pois chiches),
- Purée d'ail et de gingembre,
- Concentré de tomates.

Tiroir à épices, fruits secs et assaisonnements

- Sauce de soja : au moins une bonne de type shoyu. Et pour les recettes d'Asie du Sud-Est, j'utilise la sauce de soja claire et foncée que l'on trouve en magasins asiatiques,
- Vinaigres de vin et de cidre,
- Huiles : je fais TOUT à l'huile d'olive ! Mais j'ai aussi de l'huile de sésame et de colza,
- Mirin, vin sucré de cuisson japonais (qu'on peut remplacer, souvent, par un peu de sucre)
- Sake, vin de cuisson sec japonais,
- Sirop d'érable,
- Tahini (pâte de sésame),
- Pâte de cacahuètes.

Épices, mes indispensables

- Cumin en poudre et en graines,
- Coriandre en poudre et en graines,
- Graines de moutarde,
- Curcuma,
- Garam massala,
- Origan,
- Herbes de Provence,
- Feuilles de laurier,
- Cannelle,
- Cardamome verte,
- Oignon séché en poudre,
- Paprika fumé,
- Poivre noir de Kampot ou de Phú Quốc,
- Et du sel !

Quelques recettes de base

Préparation et cuisson du riz (thaï et basmati)

En Inde, on dit que l'on mesure le talent de celui ou celle qui cuisine pour la famille à la qualité de son riz. Mais c'est un peu la même chose dans le reste de l'Asie, le riz est central dans les repas et réclame un soin particulier.

Je vous donne ici les bases pour la cuisson des deux riz que j'utilise le plus dans ma cuisine : le riz parfumé ou riz thaï (même s'il vient souvent du Cambodge ou du Vietnam) et le basmati (qui veut dire « Reine des parfums » en hindi). Tous deux dégagent en cuisant une merveilleuse odeur riche et nourricière qui embaume toute la cuisine, un peu comme quand on fait le pain.

Préparation

Dosage : 1 volume de riz sec, 1,5 volume d'eau

Le riz est un accompagnement mais on ajustera la quantité en fonction du type et de la composition du repas. On comptera entre 50 et 70 g de riz par personne.

Il faudra ensuite mesurer votre riz en volume avant de le rincer (verre, tasse...) pour calculer facilement la proportion d'eau. On compte 1,5 volume d'eau pour 1 volume de riz. Si vous en faites régulièrement, choisissez dans votre cuisine un verre ou une tasse de référence, pour 1 ou pour 2 personnes par exemple et vous n'aurez plus besoin de peser le riz par la suite. Les mesures seront faciles et rapides.

Rinçage et trempage :

Le riz doit être rincé à l'eau claire en le frottant entre les mains pour retirer l'excès d'amidon (même si l'emballage ne le précise pas) : après avoir mesuré son volume, placez le riz dans un récipient assez grand et couvrez-le d'eau. Remuez-le bien et frottez-le légèrement entre vos mains puis videz l'eau. Recommencez l'opération jusqu'à ce que l'eau soit presque claire (3 ou 4 fois).

Une fois que le riz est lavé, égouttez-le complètement. Ajoutez alors la quantité d'eau nécessaire à la cuisson.

Le riz basmati est meilleur si on prend le temps de le faire tremper. Laissez-le dans l'eau environ 30 minutes et jusqu'à 2 heures avant de le cuire. Cette étape n'est pas utile pour le riz thaï.

Mode de cuisson : cuiseur de riz ou casserole

Trempez (si nécessaire) directement le riz dans le bol du cuiseur éteint. Mettez le cuiseur en tension et en mode cuisson et laissez cuire. Quand la cuisson se termine, laissez le riz reposer encore 10 minutes avant d'ouvrir.

A la casserole, après éventuel trempage, portez à ébullition puis baissez au minimum et laissez cuire 15 minutes avec le couvercle, sans ouvrir. Coupez le feu et attendez encore 10 minutes sans ouvrir.

Ouvrez alors le couvercle, le riz a bien gonflé et, pour le basmati, les grains se sont allongés. Aérez le riz à l'aide d'une fourchette (ou d'une cuillère plate à riz) pour détacher les grains sans les écraser. C'est prêt !

Cuisson pilaf :

La cuisson pilaf, par absorption, avec un peu de matière grasse, convient très bien au riz basmati comme au riz thaï. La méthode est similaire mais on commence par faire revenir le riz égoutté/séché dans un peu de matière grasse. Versez ensuite l'eau dosée chaude (ou du bouillon), pour ne pas faire de choc thermique qui pourrait casser le riz. Attendez l'ébullition, baissez le feu au minimum et couvrez.

Laissez cuire 15 minutes environ. Si vous voulez vérifier la cuisson à la fin, ouvrez très rapidement la casserole pour ne pas laisser échapper la vapeur. S'il vous semble trop sec, ajoutez un peu d'eau et poursuivez la cuisson quelques minutes.

Coupez alors le feu et laissez reposer le riz 5 à 10 minutes pour qu'il gonfle bien.

Bouillon de légumes

Quand on y pense, la cuisine relève vraiment de l'alchimie : voir se transformer les ingrédients, obtenir une merveilleuse mixture ou un bouillon doré... et ça relève aussi un peu de la magie, non ?

En tout cas, le bouillon de mon enfance, fait par ma grand-mère, bu très chaud, était un remède qu'elle m'administrait au moindre rhume ou pour me mettre à la diète quand j'étais barbouillé.

Mais c'est aussi une entrée délicate, que l'on peut décliner à l'infini en changeant les légumes. Enfin, en cuisine, le bouillon est un liquide parfumé que l'on utilise pour faire cuire des pâtes, du riz, des légumes ou comme base de sauces. Mais j'adore aussi le déguster froid, comme un thé glacé.

N'hésitez pas à faire varier la recette en fonction des saisons et de vos envies, avec d'autres légumes, des champignons, de la citronnelle... Mon petit secret : je grille légèrement l'oignon sur le gaz pour donner un goût un peu fumé au bouillon. Ma grand-mère le faisait griller dans l'âtre de sa petite cheminée ; le gaz est ce que j'ai trouvé de plus proche.

Cette recette permet d'obtenir environ un litre de bouillon de légumes, concentré de saveurs, que vous pourrez apprécier chaud, tout juste préparé ou utiliser dans vos recettes. Mais attention, le bouillon se dégrade rapidement : je vous conseille de le consommer sous 48 heures maximum. Vous pouvez aussi le congeler et le consommer sous 3 mois.

Ingrédients

(pour un bon litre de bouillon)

- 2 carottes
- 2 navets
- 1 petite branche de céleri
- 1 poireau
- 2 branches de persil
- 1 gousse d'ail
- 1 cm de gingembre (facultatif)
- 1 feuille de laurier
- 1 branche de thym
- Quelques grains de poivre entiers
- 2, 5 l d'eau

Préparation

Pelez l'oignon et placez-le entier sur la flamme du gaz (si vous n'avez pas de feu, passez cette étape). Laissez griller quelques minutes.

Nettoyez et coupez les légumes en petits morceaux.

Pelez le gingembre (avec une cuillère à café, c'est plus facile) et préparez les autres ingrédients (ail, poivre, persil, thym et laurier).

Placez le tout dans un fait-tout ou une cocotte. Ajoutez 2,5 litres d'eau. Ne salez pas.

Portez à ébullition et laissez cuire à petits bouillons pendant 1h30, partiellement couvert. Le liquide va réduire d'environ un tiers pendant la cuisson.

Coupez le feu et couvrez pour laisser le bouillon se concentrer pendant une trentaine de minutes.

Filtrez avec une passoire très fine ou d'une étamine.

Laissez bien égoutter sans trop presser les légumes pour éviter de troubler le bouillon.

Salez-le légèrement ou laissez-le nature car il est très parfumé tel quel.

Dashi japonais

J'utilise souvent du dashi dans ma cuisine très inspirée par le Japon. C'est un bouillon de base dans la cuisine japonaise, issu du liquide de trempage d'ingrédients riches en « umami », cette cinquième saveur mystérieuse, mise en évidence par les Japonais. L'umami est en fait le goût et la sensation appétissante que procure le glutamate, acide aminé présent de façon naturelle dans les poissons, la viande et de nombreux légumes.

Les principaux ingrédients végétaux riches en umami et permettant de faire le dashi sont le champignon shiitake séché et l'algue kombu. Le dashi de champignons sera plus rond avec une note boisée, presque fumée, tandis que celui de kombu sera marin et bien iodé. Chaque dashi a son usage et c'est aussi une affaire de goût... et de saison, le kombu est plus « frais » en été tandis que le shiitake est réconfortant en hiver.

Le kombu est une algue laminaire qui peut atteindre une taille très imposante ; récoltée essentiellement au Japon et, depuis quelques années, en Bretagne, on la trouve assez facilement dans les magasins bio et asiatiques.

Le shiitake est un champignon japonais dont le séchage permet la conservation mais aussi la concentration du goût. C'est le même procédé que pour les tomates séchées, très riches en umami elles aussi (c'est pour ça que la sauce tomate est si addictive !).

Je vous donne ici la façon la plus simple de faire ces deux bouillons et même une troisième : en les mélangeant à parts égales, ce que je fais souvent.

Le dashi peut se faire en 30 minutes, donc ne soyez pas intimidés. On peut aussi le faire plus lentement, à froid, et laisser les algues ou les champignons tremper toute une nuit. Ces deux bouillons se gardent 2 à 3 jours au frais et se congèlent très bien. Vous verrez, la confection du dashi a quelque chose d'apaisant et de très satisfaisant.

Le dashi sert à faire la fameuse soupe miso, mais on peut aussi y faire cuire des légumes ou du riz, en faire des sauces et tant d'autres choses. Moi je m'en sers même parfois pour remplacer un « bouillon » français dans une recette.

Ingrédients

(pour 1 litre de bouillon)

Dashi de kombu :

- 10 cm d'algue kombu (bio de préférence)
- 1 l d'eau

Dashi de shiitake :

- 5 champignons shiitake séchés (bio de préférence)
- 1 l d'eau

Préparation

Dashi de kombu :

Essuyez délicatement le kombu avec un chiffon humide, mais ne le lavez pas. Puis placez-le dans 1 litre d'eau froide.

Version rapide : placez sur le feu au minimum (le plus bas possible) sans couvrir et laissez chauffer 30 minutes à 1 heure. Le kombu ne doit pas bouillir, il prendrait un goût désagréable. Arrêtez le chauffage dès que de petites bulles se forment au fond de la casserole.

Version longue : laissez le kombu dans l'eau froide, couvert, une nuit au frais.

Retirez l'algue et filtrez avec une passoire fine ou un linge type « étamine » (ou un filtre à café...).

Le kombu peut se réutiliser une fois, mais le bouillon sera moins fin. On peut aussi le consommer : en fines lamelles dans une salade ou haché, revenu à la poêle avec des condiments pour mettre sur du riz.

Dashi de shiitake :

Rincez rapidement les champignons sous le robinet et essuyez-les. Placez-les ensuite dans 1 litre d'eau tiède. Placez un poids par-dessus, un petit bol par exemple.

Au bout de 30 minutes, les champignons auront gonflé. Pressez-les pour en extraire le plus de jus possible et réservez-les pour une recette (avec d'autres légumes, dans une soupe miso ou dans une farce végétale).

En version longue, laissez tremper toute une nuit au frais, puis faites l'opération décrite ci-dessus (pressage pour extraire le maximum de saveur).

Comme pour le kombu, filtrez avant utilisation.

Pickles au vinaigre sucré

On ne connaît en France quasiment que les cornichons, mais le monde des pickles va bien au-delà. C'est une véritable catégorie d'aliments en Asie, tout particulièrement au Japon qui en a fait un art, les tsukemonos, mais aussi au Vietnam ou en Inde...

Je faisais des Đồ chua depuis des années sans même réaliser qu'il s'agissait d'une forme de pickles. Et puis au Japon j'ai goûté des choses dont je ne savais dire si elles étaient crues ou cuites, et pour cause...

Je vous donne ici une base de saumure au vinaigre que l'on peut utiliser avec toutes sortes de légumes ou de fruits : chou-fleur, chou-rave, navets jeunes, échalotes, radis, tomates cerises ou même pommes... Et qu'on peut agrémenter d'aromates : laurier, graines de cumin et de coriandre par exemple.

On mange les pickles en accompagnement, plus ou moins avec tout. Je fais en sorte d'en avoir tout le temps au frais car ils sont rapides à préparer (hormis le temps de macération) et se conservent longtemps.

Quand on prend l'habitude d'en avoir toujours, on apprend aussi à les consommer bien au-delà des plats asiatiques : avec du riz blanc, des légumes rôtis, une soupe, ou dans une salade.

La base est sur une proportion 1/2/2 : 1 volume de sucre, 2 volumes de vinaigre, 2 volumes d'eau. Pour la quantité de légumes, c'est en fonction de la taille du bocal. Si le bocal n'est pas rempli, vous pouvez toujours en ajouter et bien sûr faire un deuxième bocal si ça déborde !

Ingrédients

(pour 1 grand bocal type « Le Parfait » d'1 litre)

- 3 carottes
- 1 petit radis blanc (daikon) ou la moitié d'un grand

Saumure :

- 2 pincées de sel
- 1 verre de sucre
- 2 verres de vinaigre de riz ou de cidre
- 2 verres d'eau
- 1 gousse d'ail (facultatif)
- Piment (facultatif, selon votre goût)

Préparation

Épluchez les légumes et coupez-les en dés, en tranches (fines ou non) ou en bâtonnets. Mettez-les dans une passoire avec le sel, mélangez bien et laissez dégorger 10 à 15 minutes. Le temps de préparer la saumure.

Faites dissoudre le sucre dans de l'eau tiédie, puis ajoutez le vinaigre et mélangez jusqu'à dissolution complète. Vous pouvez aussi mettre l'ensemble dans une casserole et chauffer doucement sans faire bouillir pour faire fondre le sucre, mais il faudra alors laisser refroidir avant utilisation.

Mettez vos légumes dans un bocal propre et sec (inutile de stériliser), puis versez la saumure tiède ou froide jusqu'en haut du bocal. Les légumes doivent être totalement immergés.

Laissez à température ambiante quelques heures puis stockez au frais. On peut les consommer dès le lendemain, même si je conseille d'attendre au moins 2 jours. On peut les conserver 3 semaines et donc piocher dans le bocal au jour le jour.

Au Vietnam, on ne met pas les bocaux au frais, on les laisse sur la table ou dans le placard, mais je n'ai jamais osé ici, même si je les dévore là-bas sans me poser de question.

« Fromage » végétal

Les noix de cajou en purée ont un petit goût qui évoque le fromage et c'est une des bases classiques pour les végétaliens. Ce « fromage » a une texture fraîche et crémeuse, un goût relativement soutenu et une belle apparence. Il s'apparente à un fromage frais et on peut le décliner avec des herbes, du piment ou des épices...

Je n'ai pas l'âme militante, mais juste un mot sur le terme « fromage » à propos duquel on fait un mauvais procès aux végétariens : certes il ne s'agit pas de fromage au sens le plus courant du mot, dont certains juristes se sont piqués de réglementer le sens. Mais l'étymologie de « fromage », remontant au bas latin « formaticus », nous apprend que cela veut simplement dire « moulé dans une forme ». C'est bien pour cela que l'on trouve encore aujourd'hui du « fromage de tête » dans les charcuteries !

Au fond, qu'importe le nom pourvu que ce soit bon, non ? Attention, cette recette comporte un temps de trempage et de repos. Il faut anticiper un peu.

Ingrédients

(pour un « fromage »)

- 130 g de noix de cajou natures (non salées)
- 2 cl d'eau
- 1 petite gousse d'ail
- 1 c à soupe de jus de citron
- 1 c à café de vinaigre de cidre
- 2 pincées de poudre d'oignon
- 1/2 c à café de sel fin (environ 2 g)
- Ciboulette
- Poivre noir
- Quelques baies rouges
- Huile d'olive

Préparation

Placez les noix de cajou dans un récipient rempli d'eau. Entreposez au frais pendant 8 heures minimum ou une nuit. Rincez et égouttez.

Placez les noix de cajou dans un bol avec le sel, la poudre d'oignon, l'eau, le vinaigre de cidre et le jus de citron. Mixez pendant 2 ou 3 minutes ou jusqu'à obtention d'une texture lisse et crémeuse.

Ajoutez l'ail pelé et quelques brins de ciboulette. Mixez à nouveau.

Placez dans un emporte-pièce ou, à défaut, dans un petit récipient (dans ce cas, vous servirez directement le fromage, sans le démouler).

Tassez délicatement et couvrez d'un film étirable. Placez au frais pour une dizaine d'heures.

Lorsque le fromage a pris une bonne consistance, décorez-le de ciboulette ciselée, de poivre moulu et de baies rouges.

Servez-le immédiatement ou laissez-le au frais jusqu'au moment de le consommer. Vous pouvez l'agrémenter de quelques gouttes d'huile d'olive extra vierge au moment de servir.

Sauce brune express

Pour servir sur de jolis blocs de tofu dorés, des légumes rôtis, des saucisses végétales ou que sais-je encore, on a toujours besoin d'une petite sauce à napper.

Cette préparation est parfumée et assez épaisse, comme une sauce brune ou ce que les Anglo-Saxons appellent « gravy ».

Je vous recommande de la tester pour arroser une purée de pommes de terre. J'adore !

Ingrédients

(pour 1 petit bol)

- 1 échalote
- 1 c à café bombée de farine de blé (ou rase de fécule de maïs)
- 3 c à café de sauce de soja
- 1 c à café de sirop d'érable
- 1 c à café de vinaigre (de vin ou de cidre)
- 1/2 c à café de concentré de tomates
- 1 pincée de paprika fumé
- 1 grosse pincée d'oignon en poudre
- 1/2 verre de bouillon de légumes (ou d'eau)
- Huile d'olive
- Poivre

Préparation

Préparez à l'avance la sauce de soja et le bouillon dans lesquels vous faites dissoudre le concentré de tomates, les épices et le sirop d'érable.

Dans une petite casserole, faites chauffer un peu d'huile d'olive et faites revenir l'échalote finement ciselée.

Lorsqu'elle commence à dorer, ajoutez la farine et mélangez.

Versez le liquide préparé dans la casserole et mélangez tout de suite avec un fouet. Faites cuire quelques minutes, sans cesser de remuer.

N'hésitez pas à ajouter un peu d'eau ou de bouillon pour obtenir la consistance désirée, si la sauce est trop épaisse. Poivrez, mélangez et réservez jusqu'au moment de l'utiliser.

Pâte brisée

S'il m'arrive de faire une pâte sablée de temps en temps, c'est la pâte brisée que j'utilise pour la plupart de mes recettes. Je la prépare classiquement à la margarine (le beurre des végétaliens) et je varie les farines (blé, complète ou non, petit épeautre, khorassan...).

Ingrédients

La classique :

- 250 g de farine
- 125 g de margarine
- 2 à 3 c à soupe d'eau

Huile d'olive :

- 200 g de farine
- 7 cl d'huile d'olive
- Eau

Préparation

La classique :

Placez la farine dans un grand saladier.

Ajoutez la margarine en petits morceaux et mélangez du bout des doigts jusqu'à obtention d'un sable grossier.

Ajoutez en 2 fois l'eau (pour ne mettre que ce qui est nécessaire) et remuez à la main jusqu'à ce que la pâte s'amalgame sans coller.

Fraisez deux fois en l'écrasant du plat de la main sur le plan de travail et formez la boule.

Placez-la au frais environ 1 heure dans une boîte hermétique ou un film étirable.

Huile d'olive :

Dans un saladier, mélangez l'huile d'olive et la farine ainsi qu'une pincée de sel du bout des doigts.

Ajoutez 3 cuillères à soupe d'eau environ, progressivement pour que la pâte se lie.

Formez une boule et fraisez 2 fois en l'écrasant du plat de la main sur le plan de travail.

Reformez la boule et laissez reposer une vingtaine de minutes.

Galettes de haricots

Je vous donne ici une délicieuse recette de galettes de haricots noirs (ou rouges) pour garnir vos burgers ou simplement à déguster comme ça, bien chauds, avec des frites ou une belle salade.

Je ne suis pas spécialement amateur de burgers, même s'il m'arrive d'en choisir au restaurant de temps en temps, mais j'ai le souvenir précis d'un burger de haricots aux États-Unis, il y a quelques années, auquel j'ai repensé en imaginant ces galettes. C'était en 2016, dans une petite ville de l'Arizona, je ne saurais plus dire laquelle car c'était en chemin pour Sedona, sur un grand parking désert où il n'y avait qu'un restaurant. Je m'apprêtais déjà, en entrant, à me nourrir exclusivement de frites, lorsque j'ai vu à la carte un « bean burger », qui fut un vrai régal !

Je cuisine régulièrement des haricots, rouges, noirs, blancs et de toutes provenances. Souvent, je cuis tout un paquet et en congèle une partie pour une recette ultérieure ; c'est pratique de les avoir tout prêts. On peut aussi, bien sûr, utiliser des haricots en boîte.

Ingrédients

(pour 5 à 6 galettes)

- 500 g de haricots noirs cuits
- 1 oignon rouge
- 1 échalote
- 1 gousse d'ail
- 1 c à café bombée d'épices chimichurri (ou un autre mélange de votre choix)
- 1/2 c à café de cumin
- 1 belle pincée de piment
- 1 petit bouquet de coriandre (pour décorer)
- 3 c à soupe de farine de pois chiches
- 2 c à soupe bombées de fécule de maïs
- Sel et poivre
- 3 c à soupe d'huile d'olive
- Farine de votre choix pour former les galettes

Préparation

Placez tous les ingrédients (sauf la coriandre fraîche) dans un bol et mixez jusqu'à obtenir une pâte pas trop homogène, avec des morceaux de haricots encore visibles. Goûtez et rectifiez éventuellement les épices, le sel et le poivre.

Prenez 2 cuillères à soupe de pâte de haricots environ et formez une galette à l'aide vos mains bien farinées.

Placez la galette réalisée sur du papier sulfurisé et renouvelez l'opération jusqu'à épuisement de la pâte de haricots. Cette étape demande un petit coup de main car la pâte est assez molle.

Placez les galettes au réfrigérateur pour 2 à 3 heures ou, mieux, au congélateur pour 2 heures afin de les rendre assez fermes pour les cuire.

Lorsque les galettes sont bien affermies, chauffez 1 bon centimètre d'huile dans une poêle. Quand l'huile est bien chaude, faites frire les galettes 3 à 5 minutes de chaque côté. Elles doivent être bien dorées.

Légumes et fruits

BELLE CROÛTE

Tourte poireaux, pommes de terre et lentilles

J'aime beaucoup ce type de « pâtisseries » salées très françaises (anglo-saxonnes aussi... les fameuses pies). Celle-ci est assez rustique et les lentilles, associées au blé de la pâte, en font un plat bien protéiné.

Pour la croûte, j'ai choisi ma recette à l'huile d'olive que je trouve parfaite pour ce type de plat : elle se tient, mais reste friable, un peu sablée, très agréable en bouche.

Cette tourte est très simple à réaliser, mais demande un peu de temps en cuisine ; vous pouvez faire la pâte à l'avance. Vous n'aurez donc plus que la fondue poireaux - pommes de terre à cuire pendant que les lentilles bouillotent gentiment.

Je vous raconte ?

Ingrédients

(pour 6 parts)

- 350 g de farine petit épeautre et farine blanche à 50/50
- 1 c à soupe de fécule de pomme de terre
- 13 cl d'huile d'olive
- 10 cl d'eau
- 1 pincée de sel
- 1 petit verre de lentilles vertes (100 g environ)
- 2 poireaux moyens
- 2 pommes de terre moyennes
- 1 oignon
- 1/2 c à café de graines de cumin
- 1 belle pincée d'origan
- 20 cl de crème liquide végétale
- 1 c à soupe de levure maltée (facultatif)
- Sel et poivre
- Huile d'olive

Préparation

La pâte :

Amalgamez du bout des doigts les deux farines, la fécule, 1 pincée de sel et l'huile. A l'obtention d'un sable grossier, ajoutez doucement l'eau en mélangeant jusqu'à formation d'une boule. Ne pétrissez pas mais fraisez (écrasez) du plat de la main 2 fois votre pâte avant de la regrouper en boule. Laissez reposer 1 heure.

La tourte :

Faites cuire les lentilles dans une grande quantité d'eau non salée avec l'origan. Quand elles sont cuites, égouttez-les et réservez.

Chauffez un peu d'huile dans une cocotte et faites sauter 30 secondes les graines de cumin. Ajoutez l'oignon émincé et laissez-le cuire 5 minutes.

Ajoutez le poireau bien nettoyé et coupé en rondelles et les pommes de terre en dés.

Salez et poivrez, puis laissez cuire à feu moyen avec 1/2 verre d'eau pendant 20 à 30 minutes, jusqu'à ce qu'ils soient presque cuits. Ajoutez la crème et mélangez avant de couper le feu (réservez une cuillère de crème qui vous servira pour la dorure).

Séparez la pâte en 2 parties égales afin de constituer votre fond de tourte et un « couvercle ». Étalez le fond de tarte et placez-le dans un moule à tarte à bords hauts.

Disposez la moitié des lentilles, salez et poivrez, ajoutez une couche de fondue de poireaux - pommes de terre et un peu de levure maltée. Renouvelez l'opération une seconde fois avec le reste des ingrédients.

Placez l'autre moitié de pâte étalée et fermez votre tourte en faisant un petit bourrelet tout autour et en le pressant avec les doigts ou une fourchette.

A l'aide d'un pinceau, badigeonnez la surface de la tourte avec la cuillère de crème réservée.

Enfournez à 200°C et laissez cuire une quarantaine de minutes.

Laissez tiédir avant de démouler très délicatement. Servez tiède, froid ou réchauffé au four (100°C pendant 15 minutes).

Bon appétit !

LA PROVENCE

Artichauts à la barigoule

La barigoule est un champignon de pin aujourd'hui oublié qui entrait jadis dans la préparation des fameux artichauts à la barigoule ! Depuis plus d'un siècle, le champignon a disparu de la recette, mais le nom est resté.

Aujourd'hui, cette recette typiquement provençale se cuisine avec de petits artichauts longuement mijotés avec de l'oignon et de la carotte taillés en tous petits dés. Moi qui ai l'habitude de les déguster encore un peu fermes, j'adore cette cuisson longue et cette texture qui fond en bouche. Un délice !

Pour cette recette, je suis allé à la source et je me suis inspiré de la bible de la cuisine du Sud, La cuisinière provençale de Jean-Baptiste Joseph Marius Reboul, appelé plus simplement le Reboul.

Je vous raconte ?

Ingrédients

(pour 2 personnes)

- 4 ou 5 petits artichauts
- Le jus d'un demi-citron
- 2 petites carottes
- 1 oignon
- 2 gousses d'ail
- 1 petit verre de vin blanc
- 1 petit verre d'eau
- Sel et poivre
- Huile d'olive
- Cerfeuil ou persil en touche finale

Préparation

Préparez les artichauts : coupez une partie de la queue et le haut des feuilles (à 1 bon cm au-dessus du cœur) puis tournez-les en retirant les feuilles tout autour du cœur à l'aide d'un couteau, par un mouvement circulaire pour ne retirer que les parties dures. Pelez les tiges et citronnez abondamment.

Pelez et taillez la carotte et l'oignon en tout petits dés.

Versez 2 cuillères à soupe d'huile d'olive dans une cocotte et répartissez carottes et oignon taillés. Placez les petits artichauts la tête en bas et mettez sur le feu.

Laissez cuire jusqu'à ce que les carottes et l'oignon commencent à roussir. Salez et poivrez.

Continuez encore un peu la cuisson en remuant 2 ou 3 fois pour que les légumes dorent un peu, puis versez le vin blanc et laissez évaporer de moitié (quelques minutes).

Ajoutez les gousses d'ail fendues en 2 ou 3 puis versez l'eau ; portez à ébullition et couvrez. Laissez mijoter à feu doux au moins 1 heure (on peut aller jusqu'à 2 heures).

Servez vos artichauts chauds, tièdes ou à température ambiante, avec la « sauce » carotte/oignon. Parsemez de persil ou de cerfeuil.

Bon appétit !

A LA PROVENÇALE
Gratin de blettes

Lors d'un merveilleux séjour sous le ciel bleu du Luberon, j'ai dégusté un gratin très différent de celui que j'ai l'habitude de faire : à la provençale, sans béchamel, mais avec une sauce tomate légère qui mettait le goût du légume bien en valeur.

La blette est un légume que j'aime beaucoup et qui me rappelle mon enfance à Bordeaux où, d'ailleurs, on l'appelle joute. J'en cuisine assez régulièrement et de plusieurs façons mais c'est en gratin, je crois, que je préfère les blettes. Celui-ci est assez léger pour constituer une petite entrée, mais il peut aussi être servi en accompagnement d'un plat principal.

Je vous raconte ?

Ingrédients

(pour 2 à 3 personnes)

- 1 pied de blettes
- 1 oignon
- 1 gousse d'ail
- ½ boîte de tomates au jus en conserve (ou 25 cl de coulis de tomates au naturel)
- 2 ou 3 tomates séchées
- 1 pincée de sucre
- Sel et poivre
- Huile d'olive
- Herbes de Provence
- 2 c à soupe de chapelure
- Persil

Préparation

Commencez par nettoyer les blettes, c'est la partie la plus longue de la recette. Il faut fendre et casser la partie blanche de chaque côte en tronçons et tirer doucement pour ôter les fils et la fine peau qui les recouvre. Une fois qu'elles sont lavées et séchées, coupez également le vert, lavé et séché, en lanières.

Dans une cocotte bien chaude, ajoutez un peu d'huile et l'oignon émincé ainsi que l'ail. Laissez fondre et faites légèrement dorer pendant 5 à 10 minutes. Ajoutez les blettes, les tomates séchées taillées en lanières. Couvrez et laissez « tomber » 5 minutes.

Ajoutez alors la tomate et son jus, un demi-verre d'eau, sel, poivre, la pincée de sucre, puis les herbes de Provence. Donnez 1 ou 2 tours de cuillère, couvrez et laissez mijoter environ 30 minutes, en remuant de temps en temps.

Lorsque les blettes sont cuites, versez dans un plat à gratin huilé, parsemez de chapelure. Encore un trait d'huile d'olive et enfournez pour 15 à 20 minutes à 200°C pour faire dorer.

Lorsque le gratin est doré, sortez-le du four et laissez reposer 5 minutes. Décorez de feuilles de persil (ou d'autres herbes fraîches de votre choix).

Bon appétit !

LE RETOUR

Légumes d'été farcis

J'ai toujours aimé les légumes farcis. Ma mère faisait des tomates farcies chaque année dont elle régalait les amis et la famille. J'ai conservé cette habitude mais une fois végétarien, il m'a fallu réinventer la farce !

Celle-ci, fruit de nombreux essais, est de loin ma préférée. Je farcis le plus souvent des tomates et des courgettes, mais elle est aussi délicieuse avec des aubergines, des pommes de terre, des poivrons ou des oignons...

Contrairement à ce que l'on pense, c'est assez simple et relativement rapide de faire des légumes farcis. C'est en outre un plat complet si on les sert, comme j'aime le faire, avec un peu de riz en accompagnement.

Je vous raconte ?

Ingrédients

(pour 3 ou 4 personnes - quantité de farce à ajuster en fonction de la taille des légumes)

- 3 ou 4 belles tomates
- 2 belles courgettes (bien charnues)
- 50 g de protéines de soja
- 100 g de tofu ferme
- 100 g de tofu fumé
- 1/2 c à café de cumin
- 1/2 c à café de paprika fumé
- 1 oignon
- 1/2 bouquet de persil
- 1 branche de thym (facultatif)
- 1 gousse d'ail
- 4 c à soupe de chapelure environ
- 1 c à soupe bombée de fécule de maïs
- Sel, poivre
- Huile d'olive
- Sauce de soja

Préparation

Lavez les tomates, puis coupez le dessus et évidez la chair et les graines. Lavez les courgettes puis détaillez-les en tronçons de 5 à 6 cm. Creusez délicatement une cavité dans la chair. Salez l'intérieur des légumes et retournez-les sur un plat. Laissez-les dégorger 1 bonne heure.

Réservez la chair prélevée dans les légumes pour une autre recette, une sauce pour les pâtes par exemple.

Pendant ce temps, préparez la farce :

Faites gonfler les protéines de soja 15 minutes dans un verre d'eau chaude avec 1 cuillère à soupe de sauce de soja.

Hachez l'oignon, le persil et l'ail. Émiettez les 2 tofus à la fourchette ou dans vos mains.

Mélangez les protéines, le tofu, le hachis ail/persil/oignon ; ajoutez la chapelure, la fécule, le thym et les épices.

Mélangez bien, jusqu'à obtention d'une farce homogène. Ajustez éventuellement la consistance en ajoutant un peu plus de chapelure. La farce doit néanmoins rester assez humide car elle séchera un peu à la cuisson.

Essuyez l'intérieur des légumes avec un papier absorbant puis remplissez-les de farce à l'aide d'une cuillère à soupe.

Couvrez avec les chapeaux des légumes (toutes les courgettes n'en auront pas, c'est normal...).

Arrosez d'un bon trait d'huile d'olive et versez 1/2 verre d'eau dans le plat.

Enfournez dans un four préchauffé à 200°C.

Laissez cuire 40 minutes environ, remettez un peu d'eau dans le plat à mi-cuisson si les légumes n'en rendent pas assez ; quand les courgettes sont tendres et que les tomates flétrissent un peu, c'est cuit !

Servez sans attendre ou laissez dans le four éteint pour réchauffer au moment de servir.

Bon appétit !

LYRISME ET UMAMI

Soupe de chou vert au miso

Le chou est un légume d'hiver fantastique. D'abord parce qu'il y en a tant de variétés qu'on ne peut pas s'en lasser : kale, frisé, chinois, blanc, vert, rouge, fleur, romanesco, Milan, Pontoise, Bruxelles. Ensuite, il contient plein de bonnes choses (vitamines, potassium, soufre...) qui sont plus rares dans les légumes de cette saison. Enfin, il est délicieux et se prête à de nombreuses recettes.

Je vous propose ici une soupe avec un joli petit chou vert frisé au cœur jaune doré, qui se tient bien à la cuisson et possède une saveur verte et douce à la fois. Je l'ai rehaussée de miso pour lui apporter de la profondeur et de l'umami - la 5e saveur.

Le miso, que j'aime utiliser en dehors de la cuisine japonaise, a quelque chose de réconfortant, commun à tous les aliments fermentés. Et visuellement, en troublant joliment le bouillon de la soupe, il lui donne une profondeur presque mystérieuse... surtout si on la sert dans un beau bol japonais.

Je vous raconte ?

Ingrédients

(pour 2 à 3 bols)

- 1 petit chou vert frisé (ou un cœur)
- 2 carottes
- 3 petites pommes de terre
- 1 champignon shiitake séché
- 1 oignon
- 1 c à soupe bien bombée de miso (plutôt doux)
- Huile d'olive
- Sel et poivre

Préparation

Pelez, lavez et séchez les carottes et les pommes de terre. Coupez-les en gros dés. Émincez l'oignon en demi-lunes.

Faites revenir l'oignon dans un peu d'huile d'olive, sans coloration. Quand il est translucide, ajoutez carottes et pommes de terre.

Pendant que les légumes suent gentiment à feu moyen dans la cocotte - pendant 5 minutes environ, émincez le chou en bandelettes.

Ajoutez-le ainsi que le champignon shiitake et couvrez d'1 litre d'eau environ. Les légumes doivent être bien recouverts.

Portez à ébullition, baissez le feu et laissez mijoter à couvert pendant environ 40 minutes, jusqu'à ce que tous les légumes soient tendres (mais pas en bouillie).

Dosez votre miso, prélevez un peu de bouillon et faites-le dissoudre dedans avant de reverser le tout dans la casserole sur feu doux. Le miso ne doit jamais bouillir pour conserver ses qualités gustatives et nutritionnelles.

Mélangez doucement et coupez le feu au bout de 3 minutes.

Goûtez et, si nécessaire, salez un peu (le miso est déjà salé), puis servez sans attendre avec un tour de poivre.

Bon appétit !

JAPONISANTE

Salade de chou-rave et radis red meat au ponzu

Une recette toute simple pour tirer parti des légumes d'hiver crus, ici mes deux préférés : chou-rave et merveilleux radis red meat, rond, vert à l'extérieur et rouge rosé à l'intérieur. Les deux, très juteux, doux et parfumés vont très bien ensemble.

Cette petite salade est assaisonnée avec du ponzu, une sauce japonaise à base de sauce de soja et d'agrumes. On peut l'acheter toute faite, mais il est très simple de la faire soi-même (ce qui permet aussi de s'assurer qu'elle ne contient pas de poisson séché).

Elle se conserve quelques semaines au frais et qu'on peut s'en servir en de multiples occasions.

Je vous raconte ?

Ingrédients

(pour 2 à 3 personnes)

- 1 radis red meat
- 1 chou-rave
- 1 c à café de sésame torréfié
- 2 à 3 c à soupe de sauce ponzu
- Quelques zestes d'agrumes (facultatif)

Sauce ponzu (à préparer au moins la veille) :

- 20 cl de sauce de soja
- 5 cm d'algue kombu séchée
- 10 c à soupe de mirin (15 cl), vinaigre sucré japonais (à défaut moitié de vinaigre de cidre et moitié de sirop d'agave)
- 10 c à soupe (15 cl) de jus d'agrume (yuzu, citron, mandarine, orange...)

Préparation

Ponzu : La veille, versez la sauce de soja dans un récipient à couvercle (petite bouteille ou pot à confiture), ajoutez le kombu. Fermez et laissez reposer une nuit au frais.

Le lendemain, mélangez avec le jus d'agrume et le mirin. Cette sauce se garde au moins 2 semaines au frais (certains disent même beaucoup plus longtemps). Plus elle macère, meilleure elle est. S'il vous en reste, gardez-la au frais, vous pourrez assaisonner vos salades ou vos légumes avec.

La salade : Pelez les légumes et coupez-les en fines lamelles à l'aide d'une mandoline. Si les légumes sont trop gros, vous pouvez recouper les tranches en 2.

Torréfiez le sésame à sec dans une petite poêle.

Mélangez les tranches de radis et/ou de chou-rave avec la sauce ponzu et répartissez joliment dans des bols.

Parsemez, éventuellement, de quelques zestes d'agrumes frais.

Laissez reposer au moins 30 minutes avant de déguster.

Saupoudrez de sésame torréfié au moment de passer à table.

Bon appétit !

LE FESTIN DE NAKATA

Aubergine grillée

Comment viennent les idées de recettes ? Celle-ci m'a été inspirée par le très curieux et beau roman de Murakami, Kafka sur le rivage. A un moment dans le livre, Nakata, personnage touchant, ancien enfant amnésique devenu presque mendiant et qui parle le langage des chats, se régale de concombres au vinaigre et d'une aubergine grillée.

Il parle de lui-même à la 3e personne et annonce : « Nakata aime beaucoup les aubergines grillées... ». Lutsubo aussi !

Accompagnée de riz chaud et d'un pickle de concombre, cette aubergine, dégustée avec un peu de sauce de soja et de gingembre, est une merveille de simplicité. Elle évoque le goût de l'été au Japon.

On peut la cuire au four, mais j'aime tellement ce petit goût fumé qu'ont les aubergines en Asie, quand elles ont vraiment été au feu, que je la grille d'abord sur le gaz avant de terminer la cuisson au four.

Je vous raconte ?

Ingrédients

(les quantités sont à adapter à vos envies et au nombre de convives)

- **1 aubergine bien ferme et lisse (asiatique ou française...)**
- **Sauce de soja (japonaise)**
- **1 cm de gingembre frais**

Préparation

Lavez et séchez l'aubergine. Allumez un brûleur de votre cuisinière (ou un feu de bois !) et placez l'aubergine dessus. Faites-la griller 5 à 10 minutes en la retournant de temps en temps pour bien carboniser la peau.

Préchauffez pendant ce temps le four à 200°C et placez-y l'aubergine, sur un papier cuisson ou dans un plat.

Laissez cuire environ 25 à 30 minutes, jusqu'à ce que l'aubergine soit bien fondante.

Sortez du four et retirez la peau sans vous brûler.

Coupez l'aubergine en 2, et disposez-la sur une assiette de service ou sur un plat, puis découpez des tronçons de la taille d'une bouchée, en conservant la forme du légume.

Râpez le gingembre et disposez-le en petit tas, juste à côté des aubergines.

Servez avec la sauce de soja que les convives pourront aromatiser avec le gingembre avant de déguster les morceaux d'aubergine, chauds ou à température ambiante, en les trempant dedans.

Bon appétit !

KHMÈRE

Salade cambodgienne de pomelo

Une recette toute simple qui vous fera voyager très loin : une salade de pomelo cambodgienne. On retrouve cette salade un peu dans toute l'Asie du Sud-Est, mais il semble bien qu'elle soit cambodgienne. C'est en tous cas au Cambodge, pays cher à mon cœur, que j'ai mangé les meilleures.

Le mélange jus de citron et sauce de soja constitue un bon équivalent à la sauce de poisson de l'assaisonnement original et rend parfaitement justice à cette salade. Les pomelos sont de gros pamplemousses asiatiques verts ou jaunes à la peau épaisse et à la chair fine, peu juteuse et sucrée.

J'aime laisser la vedette au fruit et utilise assez peu d'ingrédients, mais on peut ajouter du concombre, de la carotte ou quelques pousses de soja.

Pour les herbes fraîches, j'ai opté pour de la coriandre vietnamienne (ngo gai), bien que cette salade soit délicieuse avec de la coriandre, du basilic thaï ou de la menthe.

Je vous raconte ?

Ingrédients

(pour 4 personnes)

- 1 pomelo (à défaut 2 beaux pamplemousses)
- 1 clémentine ou un pamplemousse rose pour la jolie couleur (facultatif)
- 2 c à soupe d'arachide (cacahuètes non salées)
- 1 bouquet de ngo gai (ou basilic thaï, menthe...)
- 1 ou 2 petits piments oiseaux rouges (selon de votre goût)
- 1 c à soupe de sucre de palme (ou de sucre roux non raffiné)
- Le jus d'un citron vert (4 c à soupe de jus)
- 3 ou 4 c à soupe de bonne sauce de soja

Préparation

Enlevez grossièrement la peau du pomelo, puis ouvrez le en 2. A l'aide d'un couteau pointu fendez la peau de chaque quartier et dégagez délicatement la chair. Ce n'est pas important de les avoir entiers. On servira des morceaux de la taille d'une bouchée.

Cette opération est plus facile avec un pomelo moins juteux que le pamplemousse. Mais si vous utilisez des pamplemousses classiques, ils donneront du jus, récupérez-le car il agrémentera l'assaisonnement.

Si vous ajoutez une clémentine, pelez-la à vif et dégagez la chair au couteau de la même façon.

Placez les quartiers de fruits en morceaux dans les bols de service. Réservez jusqu'au moment de servir.

Torréfiez les arachides dans une poêle sans matière grasse, laissez-les refroidir et concassez-les grossièrement.

Pressez le citron vert et recueillez le jus, mélangez avec le sucre et laissez fondre. Ajoutez le piment débarrassé de ses graines et coupé en petits morceaux, puis la sauce de soja et mélangez bien.

Au moment de servir, lavez et séchez la coriandre puis hachez-la grossièrement.

Parsemez les bols de coriandre et d'arachide.

Versez l'assaisonnement et mélangez un peu.

Vous pouvez, alternativement, préparer la salade dans un plat de service.

Bon appétit !

MERVEILLE GRILLÉE

Chou-fleur à l'israélienne

Cette recette est la plus consultée depuis l'origine du blog : près de 100 000 lectures !

Lorsque j'ai découvert le restaurant Miznon dans le Marais, je suis tombé amoureux d'une des spécialités du lieu : un chou-fleur grillé au four pour lequel les gens font la queue et je les comprends. Tiède, nature et tout doré, servi dans un cornet de papier, on le déguste comme ça, avec les doigts, en oubliant les sauces pourtant elles aussi délicieuses... un bonheur !

J'adore le chou-fleur depuis ma plus tendre enfance ; j'ai des souvenirs émus de gratins couverts de sauce béchamel, mais je l'aime aussi en soupe, en salade tiède bien vinaigrée, cuisiné à l'indienne et je raffole de la version grillée que j'avais déjà goûtée dans un restaurant kasher berlinois.

La recette que je vous propose ici comporte des épices et la cuisson se fait directement au four. Le chou-fleur est fondant, parfumé et bien doré. Je le sers généralement avec une petite sauce à base de tahini (purée de sésame) mais on peut le dévorer juste parsemé de coriandre et de quelques graines de sésame dorées.

Je vous raconte ?

Ingrédients

- 1 chou-fleur moyen très frais
- Huile d'olive
- 1/2 c à café de curcuma
- 1/2 c à café de cumin
- 1 pincée de paprika fumé
- Fleur de sel

Pour la sauce tahini :

- 3 c à soupe de tahini
- ½ pot de yaourt au soja
- 2 c à soupe de jus de citron
- 2 ou 3 c à soupe d'eau
- 1 c à soupe de sirop d'érable
- 1/2 gousse d'ail
- Sel

Préparation

Débarrassez le chou-fleur des plus grosses feuilles. Lavez-le et séchez-le.

Mélangez l'huile d'olive et les épices, puis badigeonnez le chou-fleur à l'aide d'un pinceau. Saupoudrez d'un peu de fleur de sel. Placez dans un plat avec un peu d'eau et enfournez à 200°C pour environ 45 minutes (un peu plus si votre chou-fleur est gros).

S'il dore un peu trop vite, couvrez-le d'un papier cuisson.

Fouettez tous les ingrédients de la sauce, jusqu'à obtention d'un mélange homogène. Réservez.

Quand le chou-fleur est bien tendre et doré, sortez-le du four et servez chaud ou à température ambiante : coupez-le en 2, placez chaque moitié sur une assiette et arrosez généreusement de sauce tahini.

Bon appétit !

A L'ORIENTALE

Courgettes et aubergines grillées parfumées

Ce plat fait partie des improvisations réussies qui sont devenues des recettes du blog. L'été, je fais souvent griller des aubergines et des courgettes au four et les accommode de différentes façons.

Ici, j'ai opté pour ma sauce légère à base de yaourt et de tahini, à l'orientale, que j'ai parfumée d'un peu de sésame et de graines de moutarde torréfiées dont j'ai fait, au mortier, une délicieuse poudre odorante.

J'ai terminé avec une note végétale apportée par les herbes fraîches, oignon nouveau et persil dont j'ai généreusement garni le plat...

Je vous raconte ?

Ingrédients

(pour 2 personnes)

- 1 aubergine
- 2 courgettes
- 1 yaourt nature de soja
- 2 oignons nouveaux
- Quelques brins de persil
- 1 c à café de graines de sésame
- 1 c à café de graines de moutarde
- 1 c à café de sirop d'érable
- 1 à 2 c à soupe de jus de citron
- 1 c à soupe de tahini
- Sel et poivre
- Huile d'olive

Préparation

Lavez et séchez les légumes. Coupez les courgettes dans le sens de la longueur et l'aubergine en tranches de 1,5 cm d'épaisseur.

Placez-les dans un plat huilé, incisez des croisillons avec la pointe d'un couteau en veillant à ne pas transpercer les morceaux de légumes. Badigeonnez le dessus avec un peu d'huile.

Salez et poivrez puis enfournez à 200°C pour environ 35 minutes afin d'obtenir des légumes bien tendres et dorés.

Pendant ce temps, torréfiez à sec les graines de moutarde et de sésame puis réduisez-les en poudre à l'aide d'un mortier.

Mélangez le yaourt, le tahini dilué dans une cuillère à soupe d'eau, le jus de citron et le sirop d'érable jusqu'à obtention d'une sauce homogène. Salez et poivrez.

Disposez les légumes sur le plat de service ou dans 2 assiettes et laissez-les tiédir. Répartissez la sauce tahini sur les tranches d'aubergine et les demi-courgettes.

Hachez grossièrement les herbes et parsemez généreusement les assiettes d'herbes fraîches et de poudre sésame et moutarde.

Bon appétit !

PARFUM DE SICILE

Salade de fenouil à l'orange (Insalata di arance e finocchi)

L'hiver est la saison des agrumes, ma grande consolation quand l'été n'est plus qu'un lointain souvenir et que les journées durent à peine 8 heures. J'aime tous les agrumes : orange, yuzu, cédrat...

J'aime les croquer tout crus, quand c'est possible, mais aussi en faire des salades de fruits, des gelées, les ajouter à des compotes, en mettre dans mes gâteaux, dans mes pickles ou encore en faire de la marmelade...

On peut aussi les utiliser pour de délicieuses salades d'hiver. Car oui, l'hiver a aussi ses salades qui peuvent être terriblement séduisantes. Comme cette insalata italienne toute simple de fenouil et d'orange.

Je l'ai découverte il y a quelques années dans un restaurant à Palerme et depuis je la prépare régulièrement. Si vous en trouvez, cette salade est particulièrement merveilleuse avec des oranges sanguines.

Je vous raconte ?

Ingrédients

(pour 4 personnes)

- **1 bulbe de fenouil (ou 2 s'ils sont petits)**
- **2 petites oranges ou 1 grosse**
- **Fleur de sel et poivre**
- **Huile d'olive (extra vierge et italienne de préférence)**
- **Persil (facultatif)**

Préparation

Nettoyez le fenouil, retirez le trognon dur et émincez très finement avec une mandoline ou un couteau. Parfois le fenouil est coupé en lamelles plus épaisses mais je préfère quand il est très fin.

Pelez l'orange à vif : coupez le haut et le bas et découpez la peau en suivant l'arrondi du fruit, au ras de la chair. Si du jus coule, mettez-le vite dans le saladier avec le fenouil ! Prélevez ensuite les suprêmes (les quartiers sans la petite peau) et ajoutez-les au fenouil.

Arrosez de 2 ou 3 cuillères à soupe de bonne huile d'olive. Salez d'un peu de fleur de sel et poivrez assez généreusement.

On peut consommer cette salade immédiatement ou la laisser reposer 1 heure ou 2 (maximum sinon le fenouil sera moins croquant).

Mélangez à nouveau au moment de servir et parsemez, éventuellement, d'un peu de persil.

En Italie, on ajoute aussi parfois quelques olives noires.

Bon appétit !

VOYAGE À PARIS

Aubergines à la chinoise

A une époque, je mangeais souvent de délicieuses aubergines dans un petit restaurant asiatique à Paris où la cuisinière était, je crois, taïwanaise. Ce plat magique me rappelait mes voyages en Asie : des aubergines chaudes et caramélisées sur du riz et j'ai eu envie de le reproduire. Je l'ai posté en 2016 et c'est un des plus grands succès du blog depuis !

Cette recette se fait en général avec des fruits longs asiatiques (oui, les aubergines sont des fruits...) mais avec des violettes ou des rondes bien charnues, le résultat est tout aussi délicieux.

Comme souvent quand j'ai une idée précise en tête, j'ai fait quelques recherches avant de mettre peu à peu la recette à ma main. Je l'ai appelée « aubergines à la chinoise ».

Je vous raconte ?

Ingrédients

(pour 2 personnes)

- 1 grosse aubergine ou 2 - 3 belles aubergines longues
- 3 cm de gingembre frais
- 2 gousses d'ail
- 4 c à soupe de sauce de soja
- 1 c à soupe de vinaigre de riz noir (ou vinaigre balsamique)
- 1 c à soupe de vin de riz chinois (ou vin blanc sec)
- 2 oignons nouveaux ou quelques tiges de cébette
- 1 c à café de sucre
- 1 ou 2 pincées de piment en poudre ou en paillettes (facultatif)
- Huile de sésame

Préparation

Retirez le pédoncule de l'aubergine, puis détaillez-la en gros cubes. Placez les morceaux d'aubergine dans un grand saladier d'eau salée (1 belle cuillère à soupe pour 1 grand saladier) et placez un poids dessus (le couvercle d'une cocotte en fonte par exemple). Laissez tremper 15 à 20 minutes.

Pendant ce temps, pelez et émincez finement l'ail et le gingembre. Détaillez l'oignon nouveau en séparant le vert et le blanc.

Sortez vos aubergines de l'eau, essuyez-les et faites-les cuire à la vapeur environ 15 minutes. Elles doivent être tendres sans s'écraser. Pour vérifier : une pointe de couteau doit pouvoir s'y enfoncer assez facilement.

Retirez-les délicatement de la vapeur pour les laisser tiédir un peu.

Mélangez dans un bol le sucre, le piment, la sauce de soja et le vin de cuisson.

Faites chauffer l'huile de sésame dans une poêle ou un wok. Quand elle est chaude, jetez-y l'ail et le gingembre et faites revenir 1 minute avant d'ajouter le blanc d'oignon nouveau pour 1 minute de plus (sans faire brûler).

Ajoutez enfin les aubergines et versez la préparation liquide. Faites revenir pendant quelques minutes, en retournant les aubergines régulièrement, le temps de les réchauffer et de les enrober du liquide caramélisé.

Servez bien chaud sur du riz avec les petits tronçons de vert d'oignon nouveau. On peut aussi les déguster froides, toujours sur du riz chaud, c'est merveilleux.

Bon appétit !

CHOU EXPRESS

Pak choï sauté à l'ail et au piment

Je vous propose ici une façon simple et ultra-rapide de préparer ce délicieux chou chinois, le pak choï. On le trouve de plus en plus facilement en France dès l'automne et jusqu'en janvier. Outre son goût délicieux, il a, comme tous les choux, de grandes qualités nutritionnelles.

En Asie, de la Chine au Vietnam, une des façons les plus courantes et les plus faciles de le préparer de le faire sauter à l'ail avec, souvent, un peu de piment. Tout simplement. C'est bon et surtout très rapide puisque ça prend en tout à peine 10 minutes. On peut le déguster en accompagnement de toutes sortes de plats, asiatiques ou non, ou avec un bon riz chaud.

Je vous raconte ?

Ingrédients

(pour 2 personnes - accompagnement)

- **1 ou 2 petits pak choï (plus tendres)**
- **1 ou 2 gousses d'ail (en Asie, on en met beaucoup)**
- **1 morceau de piment rouge fort**
- **1 pincée de sucre**
- **1 à 2 c à soupe de sauce de soja**
- **Huile de sésame (ou huile d'olive)**

Préparation

Lavez et séchez les choux. Coupez les côtes en morceaux et hachez la partie verte. Réservez séparément.

Coupez l'ail en tranches fines, après l'avoir pelé et dégermé. Chauffez un peu d'huile dans une poêle à fond pas trop épais de préférence, et jetez-y les côtes et l'ail. Faites revenir 3 ou 4 minutes sans faire brûler l'ail qui deviendrait amer.

Ajoutez alors le vert des choux et le piment puis continuez à faire sauter à feu moyen/fort.

Quand le vert est ramolli, ajoutez la sauce de soja ainsi que le sucre et poursuivez la cuisson encore 2 ou 3 minutes.

Transférez dans un bol de service et dégustez sans attendre.

Bon appétit !

Aubergines fumées à la vietnamienne

Parmi les nombreux plats dont j'ai toujours raffolé lorsque je voyage au Vietnam, il y a ces délicieuses aubergines fumées, recouvertes d'une farce un peu salée et parfumée d'herbes fraîches.

Fumer les aubergines est quelque chose que je fais souvent, en les posant tout simplement sur le gaz. A défaut de gaz, on obtient aussi un bon résultat sous le gril du four. Et bien sûr, l'idéal est le feu de bois, si vous avez un extérieur.

Pour la farce végétale, j'utilise de petites protéines de soja réhydratées. Du côté des herbes, il faut, a minima, de la cébette et un peu de coriandre. Et si vous trouvez du ngo gai, c'est encore mieux.

Ce plat simple à préparer est très « dépaysant ». Avec un bon riz, il constitue un plat complet. Il est aussi pratique car on peut le cuisiner à l'avance et le déguster à température ambiante.

Je vous raconte ?

Ingrédients

(pour 4 personnes)

- 4 aubergines de taille moyenne
- 3 c à soupe de protéines de soja fines
- 1 oignon
- 2 cébettes ou oignons nouveaux
- 3 gousses d'ail
- Quelques brins de coriandre et/ou feuilles de ngo gai
- 1 petit piment rouge frais
- 1 citron vert (4 c à soupe de jus)
- 7 c à soupe de sauce de soja (3 pour la marinade des protéines et 4 pour la sauce)
- 1 c à café de sirop d'érable
- 2 c à café de sucre en poudre
- 1 pincée de coriandre en poudre
- Sel et poivre
- Huile neutre

Préparation

Placez les protéines de soja dans un bol. Chauffez dans une petite casserole 3 à 4 cuillères à soupe de sauce de soja, 3 cuillères à soupe d'eau, 1 cuillère à soupe d'huile, 1 cuillère à café de sirop d'érable et une pincée de coriandre. Versez sur les protéines et laissez-les gonfler environ 1 heure.

Pendant ce temps, faites griller les aubergines directement sur une flamme.

Lorsque leur peau est noire et craquelée, enfournez-les à 180°C pendant une quinzaine de minutes pour terminer la cuisson.

Lorsque les aubergines sont tendres, laissez-les tiédir pour ne pas vous brûler et pelez-les soigneusement. Réservez.

Émincez l'oignon, la cébette et l'ail. Pressez le citron et hachez grossièrement le piment rouge.

Placez dans un petit bol 4 cuillères à soupe de jus de citron vert, 4 cuillères à soupe de sauce de soja, le piment, le sucre et l'ail. Mélangez bien et réservez cette sauce.

Chauffez un peu d'huile dans une poêle et faites revenir l'oignon quelques minutes jusqu'à ce qu'il soit un peu doré. Ajoutez les protéines avec un peu de la marinade et faites revenir environ 5 minutes. Poivrez généreusement.

Répartissez cette farce sur les aubergines, versez ensuite la sauce que vous avez réservée et parsemez de cébette et coriandre émincées.

Laissez reposer au moins 2 heures avant de déguster.

Bon appétit !

TOURLOU ET GÉANTS

Gros haricots et courgettes au four

Une recette d'inspiration grecque qui en marie deux : les gros haricots à la tomate que j'adore et le tourlou, cette « ratatouille » grecque cuite au four que j'ai découverte dans les Cyclades. Je ne sais pas si les Grecs approuveraient mais ce mélange me plaît...

Il faut de gros haricots blancs. Des haricots grecs, appelés gigantes, que l'on peut remplacer par des haricots du cap ou de Soissons. Côté légumes, on peut ajouter des aubergines aux courgettes si on le souhaite. Bien sûr, on peut utiliser des haricots en boîte pour la rapidité aussi bien que des cuits maison.

Cette recette est très facile à faire varier au fil des saisons...

Je vous raconte ?

Ingrédients

(pour 2 personnes)

- 1 boîte de gros haricots blancs
- 2 courgettes
- 1 oignon
- 1 gousse d'ail
- 3 tomates (ou une boîte de tomates concassées)
- 1 c à café d'origan
- 1/2 c à café de cumin
- Sel et poivre
- Huile d'olive
- Persil

Préparation

Chauffez un peu d'huile dans une poêle et faites revenir à feu fort les courgettes en dés et l'oignon en lamelles. Lorsqu'ils commencent à colorer, salez, poivrez, ajoutez l'ail haché, le cumin et l'origan.

Faire revenir 2 ou 3 minutes supplémentaires après avoir ajouté les haricots égouttés.

Râpez les tomates sur une râpe à gros trous de façon à recueillir toute la pulpe.

Versez le contenu de la poêle dans un plat à four (ou une cocotte allant au four) huilé.

Versez le coulis de tomates obtenu et poivrez légèrement.

Couvrez (avec un couvercle, un plat ou du papier cuisson) et enfournez à 200°C pendant 40 minutes à 1 heure.

Vous pouvez découvrir en fin de cuisson pour faire un peu dorer le dessus du plat.

Parsemez de persil et dégustez avec une tranche de bon pain ou du riz blanc.

Bon appétit !

Légumineuses

GOURMAND

Hachis Parmentier de lentilles

●

J'ai perfectionné au fil du temps cette recette de Parmentier à base de lentilles. Les lentilles, cuisinées avec des légumes et de la tomate, permettent d'obtenir une farce fondante et moelleuse qui contraste avec le dessus doré.

On peut choisir d'autres légumes et utiliser d'autres épices, mais le mariage carotte-cumin est une valeur sûre. Et l'oignon avec le céleri et le poireau donnent de la complexité à l'ensemble.

Ce plat familial et traditionnel qui me rappelle des souvenirs d'enfance à Bordeaux, se décline un peu partout dans le monde, du Brésil à l'Argentine et du Québec (où on l'appelle Pâté Chinois) à l'Angleterre où on le nomme Shepherd's Pie.

Je vous raconte ?

Ingrédients

(pour 4 à 6 personnes)

- **2 carottes (oranges ou de couleur)**
- **1 petit poireau**
- **1 petite branche de céleri**
- **1 boîte de tomates concassées**
- **1 oignon rouge**
- **1 gousse d'ail**
- **100 g de lentilles environ (crues)**
- **1 feuille de laurier**
- **4 belles pommes de terre**
- **1 c à café de cumin**
- **1 c à café de concentré de tomates**
- **10 cl de crème de soja**
- **Sauce de soja**
- **Sel et poivre**
- **Huile d'olive**
- **Persil**

Préparation

Pelez les pommes de terre, coupez-les en gros cubes et faites-les cuire dans une casserole d'eau bouillante, jusqu'à ce qu'elles soient tendres. Égouttez mais conservez l'eau de cuisson et réservez le tout.

En parallèle, faites cuire les lentilles dans une casserole d'eau bouillante avec le laurier. Égouttez-les dès qu'elles sont cuites (mais pas écrasées). Réservez-les.

Nettoyez et taillez les légumes et les aromates : carottes en tout petits dés, poireau en fines lamelles, oignon finement ciselé, ail écrasé. Faites revenir le tout dans une poêle avec un peu d'huile d'olive.

Lorsque tout est tendre et presque cuit, ajoutez le cumin, sel et poivre et 1 branche de persil haché (y compris la tige).

Ajoutez les lentilles ainsi que les tomates concassées, un peu de sauce de soja et le concentré. Mélangez bien et coupez le feu.

Écrasez les pommes de terre tiédies. Salez et poivrez, ajoutez la crème et un peu d'eau de cuisson pour ajuster la texture. Fouettez pour parfaire la consistance. On veut obtenir une purée homogène et assez épaisse.

Graissez le fond d'un plat à four et versez la « farce » aux lentilles. Egalisez toute la surface.

Etalez la purée de pomme de terre sur la surface des lentilles. Faites de jolis motifs sur le dessus avec une fourchette et arrosez d'un trait d'huile d'olive.

Enfournez et laissez cuire 30 minutes à 200°C. Faites dorer en fin de cuisson en montant un peu le four ou en allumant le gril.

Servez bien chaud, parsemé de persil haché.

Bon appétit !

ÉLOGE DE LA SIMPLICITÉ

Cocotte de haricots aux légumes

J'aurais presque pu mettre cette recette dans la rubrique « recettes de base » car c'est une façon toute simple de cuisiner des haricots secs, juste mijotés avec des légumes. Elle convient particulièrement bien quand on dispose de haricots de qualité qui ont du goût : rouges, cornille, lingots, azukis, pinto ou ces haricots américains que j'ai utilisés, « œil de chèvre » (eye of the goat ou ojo de cabra) dont la couleur striée rappelle en effet les yeux des jolies biquettes.

Une fois trempés, les haricots mijotent juste avec quelques légumes, un oignon et de l'ail.

Si l'on veut faire plus sophistiqué, on pourra ajouter de la tomate, des épices et des herbes.

Pour le trempage, j'ai testé une technique accélérée et facile dont j'avais entendu parler et qui marche très bien.

Je vous raconte ?

Ingrédients

- 250 g de haricots secs
- 2 carottes
- 1 navet (facultatif)
- 2 gousses d'ail
- 1 oignon
- Huile d'olive
- Sel et poivre
- Quelques brins de persil

Préparation

Mettez les haricots à tremper la veille ou testez le trempage accéléré : rincez les haricots et placez-les dans une casserole. Versez de l'eau jusqu'à 1 cm au-dessus des haricots et portez à ébullition.

Laissez bouillir fort pendant 1 minute puis coupez le feu et mettez un couvercle. Laissez reposer les haricots pendant 1 heure.

Au bout d'une heure, égouttez-les, ils auront gonflé et seront prêts pour la cuisson.

Pelez les carottes et le navet puis taillez-les en morceaux. Pelez, hachez et émincez l'ail et l'oignon.

Placez les haricots, les légumes, l'ail et l'oignon dans une cocotte. Couvrez d'eau à 2 cm environ au-dessus des haricots. Ajoutez une cuillère à soupe d'huile d'olive, mettez sur le feu et portez à ébullition.

Couvrez, baissez le feu et laissez mijoter à feu moyen/doux environ 1h15 à 1h30 selon le type de haricots. Si l'eau vient à manquer en cours de cuisson, ajoutez-en un peu.

Testez un haricot pour vérifier la cuisson, il doit s'écraser entre le pouce et l'index. Salez et poivrez en toute fin de cuisson.

Servez bien chaud, parsemé d'un peu de persil ou de coriandre.

Ces haricots sont délicieux avec un bon riz blanc, mais ils peuvent aussi servir de base à des tacos ou des tortillas...

Bon appétit !

SOUVENIR DE SIFNOS

Revithada (soupe de pois chiches)

Lorsque je suis allé pour la première fois sur l'île grecque de Sifnos, j'ai découvert sa délicieuse cuisine dont l'un des plats emblématiques est cette soupe de pois chiches appelée revithada. Sur l'île, elle se consommait autrefois traditionnellement le dimanche, au retour de l'église. Le samedi soir, les femmes la préparaient et la portaient chez le boulanger qui la mettait à cuire dans son four à bois toute la nuit. Le lendemain, les pois chiches étaient confits dans les oignons totalement fondus.

Cette recette très parfumée est d'une grande simplicité. Il faut juste de la patience. On place, dans un plat traditionnel en terre appelé skepastaria, les pois chiches, de l'oignon, de l'eau, de l'huile d'olive, du sel et du laurier. Et on laisse la magie opérer.

J'en ai aussi goûté avec de l'écorce d'orange et j'ai bien aimé. Comme j'en fais sécher moi-même chaque année, j'en mets un petit morceau. Pour gagner un peu de temps, je vous propose de précuire les pois chiches à la cocotte-minute. Sans cette étape, le plat doit cuire environ 6 heures et c'est encore meilleur, c'est vrai !

Je vous raconte ?

Ingrédients

(pour 2 à 3 personnes)

- 200g environ de pois chiches secs (environ 450 g cuits)
- 1 gros oignon
- 7 cl d'huile d'olive
- 2 feuilles de laurier
- 1 écorce d'orange sèche (facultatif)
- Sel et poivre

Préparation

La méthode est la même avec des pois chiches déjà précuits ou non. Seul le temps de cuisson varie.

Placez dans une cocotte en fonte (à défaut de skepastaria) les pois chiches avec le laurier et l'écorce d'orange.

Salez et poivrez légèrement. Couvrez d'eau : à ras si les pois chiches sont cuits ou 4 cm environ au-dessus s'ils sont crus.

Hachez finement l'oignon et ajoutez-le. Arrosez d'huile d'olive.

Donnez un tour de cuillère et placez sur le feu. Portez à ébullition. Couvrez et placez ensuite dans le four à 150°C.

Laissez cuire sans ouvrir : au moins 3 heures si les pois chiches sont précuits ou 6 heures s'ils sont crus.

Dégustez chaud en plat principal avec du bon pain, frais ou grillé.

En Grèce, on déguste les restes de pois chiches le lundi mélangés avec du riz...

Bon appétit !

PARFUM DE THAÏLANDE

Mon curry thaï de lentilles vertes

C'est une envie de lentilles, du lait et du sucre de coco dans mon placard et du curry rouge entamé au frais qui ont donné naissance à cette recette, l'un des plus gros succès du blog. Il ne s'agit évidemment pas d'un curry « orthodoxe », simplement de parfums qui invitent au voyage.

Le kaffir, ou combava, est un citronnier exotique. Ses feuilles sont très aromatiques ; leur parfum rappelle la citronnelle. On trouve des feuilles fraîches dans certaines épiceries asiatiques et elles se congèlent bien. Certaines marques de produits thaï en grande distribution en vendent sous forme séchée.

Ce curry thaï végétal est délicieux, bien chaud avec un bon riz jasmin. Prenez soin de le servir dans un grand bol, avec le riz à côté dans un bol plus petit, pour le déguster comme en Thaïlande, à la cuillère : c'est tellement bon de plonger délicatement sa cuillère de riz chaud dans le curry... La cuillère se remplit de sauce qui imprègne le riz et c'est une explosion de saveurs et de textures dans la bouche.

Je vous raconte ?

Ingrédients

(pour 4 personnes)

- 200 g de lentilles vertes
- 50 g de lentilles corail
- 2 courgettes de taille moyenne
- 2 belles tomates bien mûres (ou 1/2 boîte de tomates pelées)
- 1/2 c à café de curcuma
- 1/2 l de lait de coco
- 1 c à soupe rase de sucre de coco (ou de sucre roux)
- 1 gousse d'ail
- 3 cm de gingembre frais
- 3 feuilles de combava fraîches ou 4 sèches (à défaut, des zestes et un peu de jus de citron vert ou encore un bâton de citronnelle grossièrement écrasé)
- 2 à 3 c à café de pâte de curry rouge thaï (selon votre goût)
- Quelques feuilles de basilic thaï ou un peu de coriandre fraîche
- Sauce de soja

Préparation

Rincez les lentilles sous le robinet dans une passoire. Placez-les dans une casserole d'eau avec le curcuma. Portez à ébullition et laissez cuire à feu moyen pendant 15 minutes.

Égouttez presque totalement et replacez les lentilles dans la casserole sur le feu.

Ajoutez alors le lait de coco et la pâte de curry rouge. Diluez bien avant d'ajouter les autres ingrédients : le gingembre pelé coupé en petits morceaux, les feuilles de combava, quelques feuilles de basilic, les courgettes en dés, le piment, le sucre de coco et l'ail émincé.

Laissez cuire encore 10 minutes environ, en remuant de temps en temps, puis laissez reposer 15 minutes à couvert, feu éteint. Les lentilles doivent être bien tendres.

Salez avec 1 cuillère à soupe de sauce de soja et laissez cuire encore quelques minutes pour bien réchauffer la sauce.

Servez avec quelques feuilles de basilic ou de coriandre en décoration.

Bon appétit !

DU JAPON VERS L'INDE

Rajma (curry de haricots rouges)

En Inde, Rajma désigne à la fois les haricots rouges et la façon de les cuisiner dans une sauce crémeuse à base de tomate et d'épices. C'est une recette végétarienne simple et savoureuse, originaire du nord du pays, servie partout en Inde au restaurant.

Même s'il existe de nombreuses variantes, cette recette est classique à un détail près : je la fais avec des haricots rouges japonais azuki, dont le moelleux donne un très bon résultat. Sinon, on utilisera des haricots rouges que les Anglo-Saxons appellent kidney beans.

Pour gagner du temps, on peut utiliser des haricots en boîte et de la purée de tomates nature en bocal ou en brique. J'en ai toujours sous la main et je vous recommande de faire de même : c'est pratique comme format et quantité, ça remplace les tomates dans toutes sortes de sauces quand ce n'est pas la saison.

Je vous raconte ?

Ingrédients

(pour 2 personnes)

- 400 g de haricots rouges cuits
- 1 oignon rouge
- 1 c à café de purée de gingembre
- 1 c à café de purée d'ail
- 1 petite brique de purée de tomates au naturel (20 cl)
- 1 c à café rase de jaggery (sucre de palme non raffiné) ou de sucre roux
- 1/2 c à café de graines de cumin
- 1/2 c à café de graines de fenouil
- 1 c à café bombée de garam massala
- 1 c à café rase de paprika
- 1 c à café rase de coriandre en poudre
- 1 belle pincée de piment en poudre
- 1 pincée de curcuma
- 1 petit bouquet de coriandre fraîche
- Huile
- Sel

Préparation

Dans une cocotte, faites chauffer l'huile et jetez-y les graines de cumin et de fenouil pour les saisir quelques secondes puis ajoutez l'oignon émincé. Laissez dorer environ 5 minutes à feu moyen et ajoutez la purée d'ail et de gingembre.

30 secondes plus tard, versez le coulis de tomates et 25 cl d'eau, ajoutez le sucre et les épices en poudre : piment, paprika, coriandre, curcuma, garam massala et laissez bouillonner quelques minutes à feu moyen.

Ajoutez alors les haricots et, pour obtenir une consistance bien crémeuse, écrasez-les 1 ou 2 fois à l'aide d'un presse-purée pour briser une partie des haricots. Salez.

Laissez cuire à feu moyen et à couvert pendant 10 minutes. Ajustez la consistance de la sauce à votre goût, en ajoutant un peu d'eau si vous souhaitez plus de liquide.

En fin de cuisson, goûtez et rectifiez le sel, si nécessaire.

Ajoutez enfin une bonne cuillère à soupe de

coriandre hachée dans les haricots (réservez quelques feuilles). Donnez un tour de cuillère et coupez le feu.

Servez bien chaud parsemé des quelques feuilles de coriandre réservées.

Bon appétit !

ENVIE D'INDE

Dal express

Le dal indien est un de mes plats du quotidien, nourrissant et réconfortant. Il a le pouvoir de convoquer mes souvenirs de voyage et j'en fais très souvent, sans vraiment suivre de recette.

Mais le principe est simple : on cuit des lentilles à l'eau avec un peu de curcuma et on ajoute, au moment de servir, un « tempering » ou détrempe en français, composé d'épices revenues dans une matière grasse. Avec cette base, on peut varier à l'infini, cuire les lentilles avec de l'oignon et de la tomate, mettre des feuilles de curry, ajouter des épinards, de la crème...

Pour ce qui est des lentilles (dal en hindi) : j'utilise généralement du toor dal, d'un joli jaune. On peut se le procurer assez facilement dans les épiceries asiatiques, mais le plus simple est de toujours avoir sous la main des lentilles corail, très courantes dans le commerce. Le résultat est tout aussi bon et ça permet de faire du dal quand on en a envie ! On peut aussi les mélanger les types de lentilles.

Je vous raconte ?

Ingrédients

(pour 2 personnes)

- 150 g de lentilles corail
- 1/2 c à café de curcuma
- 1/2 c à café de graines de moutarde
- 1 c à café rase de graines de cumin
- 2 piments secs entiers
- 1 pincée d'asa foetida (en magasins indiens, à défaut 1 pincée d'ail en poudre)
- 1 c à café de gingembre en purée (facultatif)
- 1/2 c à café de coriandre en poudre
- 1/2 c à café de piment en poudre
- 1 c à café d'amchoor (poudre de mangue séchée, à défaut un peu de jus de citron vert)
- 2 c à soupe d'huile
- 1 c à soupe généreuse de coriandre fraîche ciselée
- Sel

Préparation

Placez les lentilles rincées dans à peu près 2 fois leur volume d'eau froide avec le curcuma. Faites chauffer et laissez cuire 45 minutes environ (les lentilles doivent s'écraser facilement).

Pendant ce temps, dosez les autres épices pour les avoir sous la main au moment de terminer la recette. Si vous utilisez du gingembre frais, réduisez-le en purée au mortier ou au mixer avec un peu d'eau.

Quand les lentilles sont cuites, vous devez obtenir la consistance d'une soupe un peu épaisse. Ajustez éventuellement la consistance en ajoutant un peu d'eau. Ajoutez la coriandre hachée et poursuivez la cuisson 2 minutes.

Avant de servir, faites chauffer 2 cuillères à soupe d'huile dans une petite casserole. Ajoutez les piments secs puis les graines de cumin et de moutarde. Faites revenir à feu moyen en secouant la casserole et quand les graines commencent à éclater, ajoutez l'asa foetida puis le gingembre, la coriandre et le piment.

Laissez chauffer quelques instants sans faire brûler et versez cette préparation sur le dal chaud, salez et faites cuire à feu doux 5 minutes de plus.

Ajoutez l'amchoor au moment de servir et donnez un tour de cuillère.

Servez bien chaud avec du riz ou un pain indien.

Bon appétit !

CHOLE ?

Pois chiches aux épinards (chana palak)

J'ai dégusté à plusieurs reprises, en Inde, du chole. Il s'agit de pois chiches cuisinés dans une sauce très relevée et un peu épaisse, un plat du nord de l'Inde. Ici, je vous propose donc une variante où la sauce est à base d'épinards, palak en hindi.

Outre la sauce aux épinards, les pois chiches sont agrémentés d'oignon et de gingembre presque crus qui leur donnent à la fois du peps et une fraîcheur étonnante. On l'accompagne de pain indien - naan ou chapatis - ou de riz.

Cette recette, inspirée d'un ouvrage que j'ai trouvé en Inde, ne nécessite que quelques épices qui la parfument, mais elle n'est pas très relevée, contrairement au chole original.

Je vous raconte ?

Ingrédients

(pour 2 personnes)

- **300 g d'épinards environ**
- **200 g de pois chiches cuits et égouttés**
- **1 petit oignon rouge**
- **3 cm de gingembre frais**
- **4 grains de poivre**
- **2 clous de girofle**
- **1/2 c à café de graines de cumin**
- **1 c à café de concentré de tomates**
- **Huile neutre**
- **Sel**

Préparation

Lavez les épinards et égouttez-les. Égouttez également les pois chiches.

Pelez le gingembre et hachez-le assez finement. Hachez l'oignon en morceaux pas trop fins.

Placez le cumin, le poivre et les clous de girofle dans un mortier et concassez-les grossièrement.

Chauffez une cocotte et faites-y cuire les épinards pendant 3 à 4 minutes, à couvert. Laissez tiédir et mixez-les grossièrement.

Chauffez 3 cuillères à soupe d'huile neutre dans un wok. Quand elle est chaude, placez-y les épices concassées. Laissez-les dorer et libérer leur parfum pendant 30 secondes. Attention à ne pas les faire brûler, vous perdriez leur parfum.

Ajoutez les pois chiches et le concentré de tomates ; faites revenir quelques minutes.

Faites chauffer l'oignon et le gingembre 2 minutes dans un peu d'huile chaude. Coupez le feu et réservez.

Ajoutez les épinards mixés aux pois chiches et mélangez bien.

Laissez cuire 4 à 5 minutes, mais attention à ne pas trop faire sécher la sauce aux épinards. Ajoutez la moitié du mélange oignon/gingembre et mélangez.

Transvasez dans un plat de service et parsemez du reste d'oignon et gingembre.

Bon appétit !

Pâtes, pain et riz

MAGIE DE LA CUISINE

Mon phở chay

La cuisine voyage et fait voyager. Elle convoque des souvenirs, entretient des traditions et mue... J'ai découvert le phở, la soupe nationale vietnamienne, il y a plus 20 ans dans le 13e arrondissement de Paris où ma belle-famille de l'époque avait ses habitudes. Puis j'en ai dégusté au Vietnam, quelques années plus tard, au célèbre - à l'époque - Phở Pasteur de Saigon.

Pendant des années j'en mangeais au moins un bol par semaine, quand je travaillais dans le 13e. Et puis je suis devenu végétarien. Le phở est une soupe de bœuf, même le bouillon est fait avec de la viande. J'ai donc dû me passer de ce rituel et me consoler au Vietnam, où les restaurants bouddhistes servent des phở végétaliens (chay en viet) ou parfois aux États-Unis.

Intimidé, j'ai mis plusieurs années pour oser me lancer dans ma propre recette. C'est au bouillon que l'on juge la qualité du phở. Alors comment retrouver ces parfums, cette densité et cette richesse ?

Pour remplacer le glutamate, présent naturellement dans la viande et la sauce de poisson, j'ai utilisé de l'algue kombu et des champignons shiitake séchés, bases du bouillon dashi japonais. Ensuite j'ai utilisé les épices traditionnelles et les petits secrets que j'ai découverts au fil du temps, comme faire rôtir le gingembre et l'oignon avant de les plonger dans le bouillon.

Enfin, j'ai appris à ne pas lésiner sur les herbes, avec mon ex-belle-mère qui enguirlandait les restaurateurs trop chiches, qui ne voulaient pas lui en rapporter pour en ajouter dans sa soupe... N'oublions pas le piment et le citron que l'on presse dans son bol en commençant à déguster. Et puis la petite coupelle de sauce brune et de sauce piment... tout un rituel.

Je vous raconte ?

Ingrédients

(pour 4 à 6 grands bols)

Bouillon :

- 3 l d'eau
- 7 cm de gingembre frais
- 1 bel oignon
- 6 clous de girofle
- 3 étoiles de badiane (anis étoilé)
- 2 cardamomes noires
- 1 bâton de cannelle (7 à 8 cm)
- 1 petit morceau de macis (facultatif)
- 15 cm d'algue kombu séchée
- 5 champignons shiitake séchés
- 1 petit bulbe de fenouil
- 3 carottes
- 1 poireau
- 1 c à soupe d'huile
- 4 c à soupe de sauce de soja
- Poivre

Pour garnir :

- 300 g de seitan
- 250 g de nouilles plates de riz (pho)
- 1 botte de basilic thaï
- 5 bouquets de coriandre vietnamienne (ngo gai)
- 1 dizaine de ciboules
- 1 bouquet de coriandre
- 4 poignées de pousses de soja
- 1 petit oignon
- Sauce hoisin (à défaut sauce barbecue)
- Sauce pimentée Sriracha
- 1 citron vert
- 2 piments rouges

Mon phở chay

Préparation

Le bouillon (le matin ou la veille) :

Dépoussiérez le kombu et les shiitake ; placez-les dans une cocotte avec 3 litres d'eau. Laissez reposer à température ambiante 3 heures minimum. Retirez le kombu, émincez les chapeaux des champignons puis replacez-les dans l'eau.

Faites rôtir l'oignon et le gingembre pelés directement sur la flamme du gaz ou sous le gril du four. Pelez, nettoyez tous vos légumes puis coupez-les en morceaux. Placez-les dans la cocotte. Ajoutez les épices, l'oignon entier, le gingembre en lamelles, la sauce de soja, l'huile et poivrez.

Placez sur le feu et portez à ébullition. Écumez soigneusement. Baissez le feu et laissez mijoter partiellement à couvert pendant 1h30 à 2h. Laissez refroidir avec le couvercle, puis filtrez au chinois ou avec une gaze pour avoir un bouillon bien transparent. Réservez au frais jusqu'à utilisation.

Le jour J :

Nettoyez soigneusement les herbes et coupez les pieds, racines ou radicelles. Effeuillez la moitié du basilic thaï et coupez en tronçons la moitié du ngo gai (le reste ira sur la table). Hachez grossièrement la coriandre et émincez finement le vert des ciboules. Préparez des petites coupelles individuelles avec les 2 sauces (hoisin et Sriracha).

Placez le bouillon à réchauffer avec le blanc des ciboules. Maintenez à tout petits bouillons jusqu'au moment de servir, avec le couvercle. Émincez finement le seitan puis faites-le chauffer doucement dans une petite casserole avec une louche de bouillon et du poivre.

Coupez l'oignon en fines rondelles et placez-le dans un bol d'eau claire. Rincez rapidement les pousses de soja et égouttez-les.

Faites cuire les vermicelles de riz selon les indications du paquet. Puis égouttez-les et rincez-les sous l'eau froide.

Réchauffez les vermicelles en les plongeant dans le bouillon à l'aide d'une passoire et répartissez dans les bols. Disposez des lamelles de seitan, parsemez de pousses de soja, de basilic thaï, de ngo gai, de coriandre hachée et de vert de ciboule émincées.

Versez le bouillon brûlant. Ajoutez quelques lamelles d'oignon et servez sans attendre.

Mettez sur la table le piment coupé en lamelles, du basilic thaï, du ngo gai et des pousses de soja que chacun pourra ajouter selon son goût. Et un quartier de citron vert pour chaque convive. On le presse dans son bol au moment de déguster et on ajoute du piment.

Bon appétit !

KHAO PAD

Riz sauté thaï

Dans les rues de Bangkok et dans toute la Thaïlande, on trouve de délicieux riz frits, bien colorés et parfumés, que des baguettes expertes font sauter devant vous dans des woks brûlants. La cuisine de rue est sans doute la chose qui m'a le plus séduit en Thaïlande, lorsque j'y suis allé pour la première fois, il y a plus de 20 ans !

Le riz sauté est devenu une de mes recettes de base. Je fais toujours un peu plus de riz que de besoin pour avoir un reste refroidi que j'aime cuisiner avec tout ce que j'ai sous la main. Ce plat peut se décliner à l'infini mais je vous donne ici une recette d'inspiration thaï, parfumée par le délicieux basilic que l'on trouve là-bas.

La version que je propose ici est uniquement aux légumes. Vous pouvez, si le cœur vous en dit, ajouter quelques dés de tofu (en même temps que les premiers légumes), mais il est déjà délicieux et bien nourrissant comme ça.

Je vous raconte ?

Ingrédients

(pour 2 personnes)

- 2 bols de riz cuit et refroidi de la veille
- 1 carotte
- 4 ciboules (ou 1 oignon nouveau)
- 3 ou 4 brins de basilic thaï
- 1 petit chou pak choi (ou autre chou)
- 1 belle gousse d'ail
- 2 c à soupe d'huile neutre
- 3 c à soupe de sauce de soja (ajustez selon votre goût)
- 1/2 c à café de sucre en poudre
- 1 petit morceau de citron vert
- 1 petit piment oiseau rouge (facultatif)

Préparation

Préparez tous vos ingrédients à l'avance pour faciliter la cuisson en ayant tout sous la main.

Hachez l'ail, émincez le blanc de la ciboule, pelez et lavez la carotte puis taillez-la en petits morceaux ; lavez le chou et émincez-le. Retirez les graines du piment et coupez-le en petits tronçons. Enfin, effeuillez le basilic bien lavé et séché.

Chauffez un peu d'huile neutre dans un wok. Faites revenir l'ail environ 20 secondes à feu moyen, puis ajoutez le blanc de ciboule.

A feu fort, faites revenir 1 minute puis ajoutez la carotte. Continuez à faire revenir en remuant pendant environ 2 minutes.

Ajoutez le chou et faites sauter 5 minutes environ, en remuant souvent.

Quand les légumes sont attendris mais encore un peu fermes, ajoutez le riz en pluie.

Ajoutez les 3/4 du vert de la ciboule émincé, ainsi que les feuilles de basilic et le piment.

Ajoutez, le sucre et la sauce de soja et continuez à bien mélanger, toujours à feu fort.

Étalez bien le riz au fond du wok et laissez-le dorer quelques instants. Cela apporte un « bon goût de wok » typique de ces recettes d'Asie. Parsemez de morceaux de piment (sans les graines).

Coupez 2 petits morceaux de citron vert, pendant que le riz termine sa cuisson.

Servez le riz sauté bien chaud dans des bols, avec un petit morceau de citron vert et décoré de quelques morceaux de vert de ciboule restant.

Pour déguster, arrosez de jus de citron et mélangez un peu.

Bon appétit !

CHĀHAN

Riz sauté japonais

Originaire de Chine, le riz frit ou riz sauté se retrouve dans presque toute l'Asie... On connaît en France le fameux riz cantonais... mais il y a des centaines de recettes, de l'Inde à la Chine, de la Corée au Japon, en passant par la Thaïlande, la Birmanie ou le Vietnam. Ce plat emblématique de la street food est par définition un plat qui peut s'adapter et que l'on peut faire facilement avec des restes en mode cuisine familiale.

Ici, en bon amoureux de cuisine japonaise, je vous propose une recette de chāhan, la version nipponne du riz frit.

Il semblerait d'ailleurs que le chāhan soit, plus précisément, un plat sino-japonais, apporté par les migrants chinois à Kobé au XIXe siècle. Le nom chinois est sensiblement le même : chǎofàn...

Ce qui rend cette recette bien japonaise, outre le riz japonais, c'est la façon de couper les légumes. Et comme pour tous les riz sautés, le wok doit être sur le feu au maximum !

Je vous raconte ?

Ingrédients

(pour 1 personne)

- 1 bol de riz cuit refroidi (de la veille ou de l'avant-veille)
- 1 petit morceau de fenouil (facultatif)
- 1 petite carotte
- 1 petite branche de céleri
- 1 échalote ou 1 petit oignon
- 50 g de tofu ferme
- Quelques rondelles de racine de lotus (fraîches, surgelées ou séchées et réhydratées)
- 1 c à soupe de fécule de maïs ou de pomme de terre
- 1 à 2 c à soupe de sauce de soja
- 1 c à café de mirin
- 1 c à café de sake
- 1 belle pincée de sucre en poudre
- Poivre

Préparation

Taillez les légumes en bâtonnets : d'abord en tronçons, puis les tronçons en lamelles de 3 mm et enfin les lamelles en bâtonnets.

Émincez aussi le céleri et l'échalote. Enfin, coupez le tofu en petits dés.

Farinez le tofu avec la fécule et faites-le dorer dans le wok avec un peu d'huile. Retirez-le et réservez.

Remettez un peu d'huile et faites revenir l'échalote à feu fort. Ajoutez ensuite tous les légumes et continuez à faire sauter à feu vif en remuant toutes les 30 secondes.

Quand les légumes sont cuits mais encore croquants (cela prend 7 à 8 minutes), ajoutez les dés de tofu et le riz.

Faites sauter quelques minutes pour bien répartir les ingrédients dans le wok.

Mélangez tous les liquides et le sucre puis versez dans le wok, en continuant à remuer.

N'hésitez pas à bien étaler le contenu du wok sur toute la surface chaude pour obtenir une petite croûte de riz croustillant puis mélangez à nouveau.

Servez dans des bols ou moulez, avec un bol, la quantité de riz désirée en tassant un peu et retournez sur une assiette...

Bon appétit !

A LA FRANÇAISE

Riz sauté à la tomate et au thym

La différence entre ce riz sauté et la plupart de ceux que je cuisine souvent est que celui-ci ne contient ni épices, ni sauce de soja, uniquement des légumes, de la tomate, et du thym. Un riz sauté à la française en quelque sorte...

Pour la protéine, on peut utiliser du tofu lactofermenté dont j'aime la texture crémeuse qui devient croustillante après cuisson à l'huile. Mais on pourrait aussi bien prendre du tofu ferme nature ou fumé, de la « saucisse », du seitan ou même des pois chiches.

Coté légumes, j'aime bien la base chou et carottes, très aromatique, mais en été on peut par exemple mettre des dés de courgettes.

La base minimale de cette recette est donc le riz, l'échalote, la tomate et le thym !

Je vous raconte ?

Ingrédients

(pour 2 personnes)

- 200 g de tofu lactofermenté au tamari (ou « protéine » de votre choix)
- 2 bols de riz froid
- 1 belle échalote
- 1 morceau de chou (150 g environ)
- 1 belle carotte
- 4 à 5 c à soupe de passata (purée de tomates concassées)
- Quelques branches de thym frais (ou sec)
- 1 pincée de sucre
- Sel et poivre
- Huile d'olive

Préparation

Taillez le tofu en dés et faites-le dorer sur toutes les faces dans une poêle avec un peu d'huile d'olive. Réservez-le dans un petit bol.

Taillez la carotte en petits dés, le chou en lamelles et émincez l'échalote.

Chauffez un peu d'huile d'olive dans la même poêle et faites revenir, avec une pincée de sel, le chou, la carotte et l'échalote à feu fort. Le mélange doit cuire et colorer.

Ajoutez alors le riz en pluie, un peu de thym, la tomate et poivrez généreusement.

Mélangez pour bien répartir les ingrédients. Laissez cuire quelques minutes puis ajoutez le tofu déjà cuit. Goûtez et rectifiez le sel, si nécessaire.

Laissez cuire encore le temps que le tofu soit bien chaud et servez dans des bols ou des assiettes creuses. Ajoutez un peu de thym pour la décoration.

Bon appétit !

« Egg » fried rice (riz sauté à l'indienne)

En écrivant cette recette, je pense à l'Inde, peut-être mon pays préféré au monde et pendant un moment, je m'y sens transporté avec nostalgie. La cuisine a ce pouvoir : quand le voyage est accessible, elle ravive les bons souvenirs, mais quand le manque se fait sentir, elle peut aider à le combler…

En Inde, sous l'influence de la cuisine chinoise, le riz sauté est aussi un des plats du quotidien. Bien sûr, il est agrémenté d'épices, de quelques légumes et, parfois, on y met un œuf. Si l'on n'en consomme pas, il est très facile d'obtenir un excellent résultat avec du tofu ferme que l'on écrase ; si on est perfectionniste, on peut lui donner une couleur jaune en y ajoutant un peu de curcuma en poudre et un goût soufré, caractéristique des œufs cuits, avec du sel noir himalayen appelé kala namak.

Je vous raconte ?

Ingrédients

(pour 2 personnes)

- 2 bol de riz cuit et refroidi (basmati de préférence)
- 2 petites carottes
- 200 g de tofu ferme
- 2 oignons nouveaux
- 2 gousses d'ail
- 1 belle échalote
- 3 capsules de cardamome
- 3 clous de girofle
- 1 étoile de badiane
- 3 cm de bâton de cannelle
- 1 c à café de graines de cumin
- 1 pincée de sel noir (facultatif)
- 2 pincées de curcuma
- 2 pincées de poudre de cumin
- 1 ou 2 c à soupe de sauce de soja
- Quelques brins de coriandre
- Huile

Préparation

Pelez la carotte et taillez-la en tout petits dés pour qu'elle cuise plus rapidement. Pour cela, coupez-la en rectangles, dans la longueur, puis en bâtonnets et, enfin, les bâtonnets en dés.

Hachez l'ail, l'échalote et le blanc de l'oignon nouveau. Réservez le vert qui servira en fin de recette.

Préparez les épices et le riz froid.

Chauffez un peu d'huile dans une poêle et faites sauter les épices entières (badiane, girofle, cardamome, graines de cumin, cannelle) 30 secondes avant d'ajouter l'ail, l'échalote et le blanc de l'oignon nouveau.

Écrasez le tofu à la fourchette et saupoudrez-le de sel noir, de curcuma et de poudre de cumin. Mélangez.

Ajoutez les carottes dans la poêle et faites-les dorer un peu. Au bout de 5 minutes, poussez-les sur le côté et versez le tofu.

Faites revenir tofu et carottes séparément quelques minutes avant de les réunir et de les mélanger tout en poursuivant la cuisson.

Ajoutez le vert de l'oignon nouveau et les tiges de coriandre hachées ; mélangez.

Terminez par le riz, la sauce de soja et une pincée de sel.

Poursuivez la cuisson encore 2 ou 3 minutes le temps que tous les ingrédients soient chauds, bien mélangés et cuits à point.

Versez dans un bol et parsemez de quelques feuilles de coriandre hachées. Dégustez sans attendre.

Bon appétit !

PULAO AUX LÉGUMES

Riz pilaf à l'indienne

En Inde, dans la cuisine ayurvédique végétarienne, le pulao se définit comme un riz auquel on ajoute un ou deux légumes et des épices revenues dans un peu de matière grasse. Ce dernier mélange s'appelle le vaghar et on le retrouve dans de nombreux plats indiens car, dans la diète ayurvédique, cette étape permet de diffuser les bienfaits et l'énergie des épices. C'est le « tempering » du dal que l'on ajoute à la fin sur les lentilles cuites.

Le pulao est également la version indienne d'une méthode de cuisson du riz millénaire ; on en parle déjà à l'époque d'Alexandre le Grand. Elle a essaimé dans le monde entier : Moyen-Orient, Europe, bassin méditerranéen ou encore Amérique latine avec des plats comme le byriani ou la paëlla, en passant par le riz pilaf de Camargue ou le prasorizo grec…

Pour faire un bon pulao, il faut un riz long (type basmati) de bonne qualité, des légumes, un petit oignon et quelques épices. De nombreuses recettes contiennent de l'ail et du gingembre en purée, mais je n'en mets pas toujours.

J'ai des souvenirs merveilleux de pulaos concoctés par le jeune cuisinier/homme à tout faire de la pension où j'ai logé deux fois à Bénarès, au bord du Gange. Je crois que j'y pense à chaque fois que je prépare ce plat.

Je vous raconte ?

Ingrédients

(2 à 3 personnes)

Vaghar (mélange d'épices de base) :

- 3 clous de girofle
- 4 cardamomes
- 1 bâton de cannelle de 4 cm environ
- 1 c à soupe d'huile
- 1 c à soupe de noix de cajou et de raisins secs (facultatif)

Riz et légumes :

- 2 verres de riz (soit environ 150 g)
- 3 verres d'eau
- 2 carottes
- 1 navet
- 1 petit oignon
- 1 petit piment vert (facultatif)
- Sel

Préparation

Rincez le riz soigneusement puis faites-le tremper une quinzaine de minutes.

Pelez les légumes et coupez-les en morceaux.

Chauffez l'huile dans une cocotte puis ajoutez les épices : cannelle, clous de girofle, cardamome, éventuellement noix de cajou et raisins secs. Faites revenir 30 secondes à 1 minute à feu moyen/fort en veillant à ne pas faire brûler.

Ajoutez l'oignon et faites-le revenir 5 à 7 minutes, jusqu'à ce qu'il soit tendre et un peu doré.

Ajoutez alors les légumes en morceaux et faites revenir 4 ou 5 minutes.

Terminez par le riz lavé, trempé et égoutté ; remuez délicatement 1 ou 2 minutes.

Versez l'eau bouillante (1 fois et demie le volume du riz) salée. L'eau froide risquerait de casser le riz. Mélangez délicatement, portez à ébullition et fermez le couvercle.

Baissez le feu au minimum et laissez cuire 15 minutes environ. Toute l'eau doit être absorbée.

Évitez d'ouvrir le couvercle sauf très rapidement à la fin de la cuisson pour vous assurer qu'elle est terminée.

Coupez le feu et laissez reposer 10 minutes avant de servir.

Mélangez et aérez délicatement avec une fourchette et servez décoré de coriandre.

Bon appétit !

C'EST GREC ?

Prasorizo (riz aux poireaux)

J'ai découvert cette recette dans un petit livre en anglais sur la cuisine végétarienne de Grèce. Je ne voyais pas bien ce qu'il y avait de grec dans du riz cuisiné avec des poireaux, mais après recherche, c'est bien une recette de cuisine familiale hellénique, appelée prasorizo...

La préparation est vraiment très simple : il faut juste quelques ingrédients et pourtant c'est un vrai petit miracle. Difficile d'imaginer comment avec si peu, on peut faire si bon... Le poireau fond dans le riz moelleux agrémenté d'oignon et de quelques carottes. Je suis donc tombé sous le charme de ce plat que je fais très souvent à la saison des poireaux.

On le déguste chaud, mais on consomme aussi les restes froids et c'est très bon.

Je vous raconte ?

Ingrédients

(pour 2 personnes)

- 1 joli poireau
- 2 petites carottes
- 1 oignon
- 150 g de riz rond de préférence (type riz à risotto)
- 1/2 l d'eau chaude environ
- Sel et poivre
- 3 c à soupe d'huile d'olive

Préparation

Dosez le riz (ne le rincez pas). Nettoyez le poireau soigneusement et coupez-le en tronçons d'1 cm environ.

Pelez les carottes et coupez-les en rondelles un peu épaisses. Pelez et émincez l'oignon.

Placez l'oignon et le poireau dans une cocotte avec l'huile chaude et faites-les revenir quelques minutes, sans coloration. Ajoutez ensuite les carottes. Laissez cuire 5 à 7 minutes pour bien attendrir les légumes (toujours sans coloration).

Ajoutez enfin le riz, salez et poivrez. Remuez doucement pour bien mêler les ingrédients et nacrer le riz.

Versez l'eau chaude à niveau et portez à ébullition ; baissez le feu et laissez mijoter tout doucement à couvert pendant une quinzaine de minutes.

Coupez le feu au bout de 15 minutes et laissez gonfler 10 bonnes minutes supplémentaires.

Ouvrez, goûtez, rectifiez le sel et le poivre et servez bien chaud.

Bon appétit !

SALADE FLORENTINE

Panzanella toscane

Il y a des plats dont la simplicité m'étonne toujours, surtout dans la cuisine italienne qui a cet art de sublimer les ingrédients du quotidien ou même, comme ici, les restes. La panzanella, en effet, est une salade de pain rassis. Du pain toscan, en principe, qui a la caractéristique de ne pas être salé. A défaut - on n'a pas tous du pain toscan sous la main - du bon pain de campagne au levain fera l'affaire. Il faut simplement éviter le pain blanc, comme la baguette, qui se réduirait en bouillie.

La panzanella est une recette toscane très ancienne d'une grande simplicité : on détrempe le pain rassis puis on l'agrémente d'oignon, de concombre, de tomate et de basilic. Et puis on assaisonne d'un peu de sel, d'huile d'olive et de vinaigre. On laisse poser et la magie opère ! Naturellement, plus les ingrédients sont frais, mûrs et de qualité et plus la salade sera bonne !

La panzanella est vraiment une belle entrée d'été, fraîche et légère que l'on peut adapter à ce que l'on a sous la main. Comme j'aime.

Je vous raconte ?

Ingrédients

(pour 4 à 5 personnes)

- 1 bon morceau de pain de campagne un peu rassis (1/4 de boule)
- 2 ou 3 tomates bien mûres
- 1 concombre moyen
- 1 petit oignon rouge
- 1 quinzaine de feuilles de basilic (je mets parfois de la menthe)
- Sel et poivre
- Huile d'olive
- Vinaigre de vin

Préparation

Placez le pain dans un bol d'eau froide et une cuillère à soupe de vinaigre. Laissez-le s'hydrater quelques minutes, puis sortez-le et coupez-le en petits morceaux. Conservez l'eau vinaigrée.

Placez les morceaux de pain dans un saladier et arrosez d'un bon trait d'huile d'olive (2 cuillères à soupe environ) et d'un peu de vinaigre (1 cuillère à soupe).

Émincez finement l'oignon rouge et mettez-le à tremper une quinzaine de minutes dans l'eau vinaigrée qui a servi pour le pain.

Pendant ce temps, pelez le concombre et coupez-le en tranches ; ajoutez au pain.

Détaillez les tomates en morceaux et ajoutez-les également aux ingrédients du saladier.

Terminez par l'oignon bien égoutté et quelques feuilles de basilic déchiré. Salez et poivrez, remuez et laissez reposer environ 1 heure à température ambiante.

Au moment de servir, goûtez, rectifiez l'assaisonnement, ajoutez un bon trait d'huile d'olive puis mélangez.

Ajoutez quelques feuilles de basilic supplémentaires et dégustez.

Bon appétit !

DU PAIN ET DES LÉGUMES

Pancotto aux pommes de terre

Cette recette fait partie de ce que l'on apelle la cucina povera italienne, la cuisine du pauvre, réalisée avec des ingrédients bon marché ou bien des restes, de pain en l'occurrence. Il s'agit de pain (re)cuit, d'où le nom de la recette, pancotto. On la prépare avec du pain rassis, quelques légumes ou seulement des oignons, parfois des pommes de terre, et de l'huile d'olive. Le pain bouilli longuement prend la consistance d'une sorte de crème délicieuse !

La soupe de pain se retrouve un peu dans toute l'Europe : en Espagne, en Sardaigne ou même en Grande-Bretagne où on la fait en version sucrée, avec des raisins secs. En France, on l'appelle « panade » et, si la soupe est tombée dans l'oubli, le nom subsiste dans l'expression « être dans la panade ». Cette recette étant considérée, chez nous aussi, comme un plat de pauvre, être dans la panade signifie à l'origine être dans la misère et, par extension, en difficulté.

Je vous raconte ?

Ingrédients

(pour 2 à 3 personnes)

- Un morceau de pain rassis (1/2 baguette ou 1/4 de pain de campagne)
- 2 petites carottes
- 1 grosse pomme de terre
- 1 gros oignon
- 1 gousse d'ail
- Les fanes d'une botte de radis ou de navets (ou 1 poignée d'épinards)
- Sel et poivre
- Huile d'olive
- Quelques brins de persil

Préparation

Pelez les légumes et coupez-les en morceaux : la pomme de terre en tranches épaisses et les carottes en rondelles.

Chauffez une cocotte, ajoutez l'huile et les gousses d'ail ; laissez-les parfumer l'huile.

Ajoutez alors les morceaux de pommes de terre et les carottes en rondelles ainsi que l'oignon émincé. Faites revenir quelques minutes en remuant doucement.

Taillez le pain en gros dés et ajoutez-le. Mélangez.

Couvrez d'eau, salez un peu (le pain l'est déjà), poivrez et portez à ébullition. Laissez mijoter à feu doux une trentaine de minutes. Ajoutez les fanes à mi-cuisson et un peu d'eau pour ajuster la consistance.

Lorsque le pain est bien fondu et que les légumes sont cuits à votre goût, servez dans des bols. Arrosez d'un généreux trait d'huile d'olive, poivrez et parsemez de persil.

Dégustez bien chaud.

Bon appétit !

DU MONT VENTOUX

Risotto de petit épeautre

Le petit épeautre ou engrain est l'une des céréales les plus anciennes utilisée dans l'alimentation humaine. Il est pauvre en gluten et riche en protéines dites complètes, ce qui en fait une des « graines » les plus intéressantes au niveau nutritionnel. Il ne faut pas le confondre avec l'épeautre, cousin du blé, ni avec l'orge.

Il pousse dans les sols pauvres et les climats un peu extrêmes, chaud l'été et froid l'hiver comme aux abords du mont Ventoux et à Sault, célèbre pour sa lavande et son petit épeautre !

C'est à la façon d'un risotto, comme je l'ai dégusté dans le Luberon, que j'aime surtout le préparer. On peut le trouver mondé (débarrassé de sa pellicule extérieure) ou non. Les deux conviennent mais le petit épeautre non mondé donnera un résultat plus rustique.

Je vous raconte ?

Ingrédients

(pour 2 personnes)

- 125 g de petit épeautre
- 1 carotte
- 1 oignon nouveau (ou un petit morceau de poireau)
- 1 échalote
- 4 tomates séchées
- 1 pincée de cumin
- Sel et poivre
- Huile d'olive

Préparation

Rincez le petit épeautre et faites-le tremper environ 1 heure. Égouttez-le au moment de le cuisiner.

Taillez la carotte en tout petits dés et hachez l'oignon nouveau (blanc et vert séparés) ou le poireau ainsi que l'échalote.

Chauffez un peu d'huile d'olive (2 cuillères à soupe) dans une cocotte et faites revenir la carotte, l'échalote, le blanc de l'oignon nouveau, ainsi que les tomates séchées coupées en petits morceaux.

Au bout de 5 à 10 minutes, lorsque l'échalote est translucide, ajoutez le petit épeautre et faites-le revenir quelques minutes.

Ajoutez alors de l'eau, environ 1 cm au-dessus du niveau des ingrédients solides. Salez et portez à ébullition puis baissez le feu et couvrez.

Laissez cuire à feu très doux pendant 30 à 40 minutes (un peu plus si le petit épeautre est entier). Surveillez de temps en temps et remuez. Ajoutez un peu d'eau s'il vient à en manquer.

Le risotto est cuit lorsque le petit épeautre est tendre et qu'il n'y a plus de liquide. S'il en reste un peu, retirez le couvercle, montez le feu et faites évaporer en remuant.

Servez parsemé avec le vert de l'oignon nouveau réservé ou du persil et bien poivré.

Bon appétit !

PASTA E FAGIOLI

Fusilli aux haricots rouges et à la courge

Pasta e fagioli désigne en Italie toutes sortes de recettes dont l'unique point commun est de contenir des pâtes et des haricots. C'est un mariage que j'aime et que je fais de temps en temps : il est délicieux mais il est aussi parfaitement équilibré puisqu'il se compose de légumineuses et de céréales, toutes deux indispensables dans le cadre d'une alimentation végétale.

Le plus souvent, les haricots sont cuisinés dans une riche sauce tomate, parfois une soupe. On peut aussi ajouter des légumes, ce que je fais en général. Ici, en version automne/hiver, j'ai associé mes pâtes à de la courge, mais l'été, ce pourrait être de l'aubergine ou de la courgette... pour le reste, des oignons, quelques épices et de la tomate : le tour est joué !

Je vous raconte ?

Ingrédients

(pour 2 personnes)

- **220 à 250 g de fusilli**
- **1 petit morceau de potimarron (300 g environ)**
- **200 g de haricots rouges cuits (1/2 boîte)**
- **200 g de tomates concassées environ (1/2 boîte)**
- **1 gousse d'ail**
- **1 gros oignon**
- **1 c à café rase de cumin**
- **1 c à café rase de piment d'Espelette**
- **2 pincées d'origan**
- **Huile d'olive**
- **Sel et poivre**
- **Persil**

Préparation

Retirez les graines et taillez le potimarron en gros dés. Réservez.

Chauffez un peu d'huile d'olive dans une cocotte avec la gousse d'ail. Retirez-la et faites revenir l'oignon émincé (en lamelles dans le sens de la longueur). Lorsque l'oignon commence à peine à dorer, ajoutez une pincée de sel et les épices (origan, cumin et piment d'Espelette).

Ajoutez alors la courge taillée en dés et les tomates concassées additionnées d'un verre d'eau. Mélangez et laissez cuire une dizaine de minutes.

Ajoutez les haricots, mélangez, couvrez et laissez mijoter une trentaine de minutes ou jusqu'à ce que la courge soit tendre.

Vérifiez la cuisson et l'assaisonnement (sel et poivre).

Placez les pâtes dans une grande quantité d'eau salée au moment de l'ébullition. Faites-les cuire 2 minutes de moins que ce que le paquet indique.

Égouttez les pâtes et ajoutez-les à la sauce. N'hésitez pas à ajouter un peu d'eau de cuisson dans la sauce si vous la souhaitez plus fluide.

Terminez la cuisson des pâtes dans la sauce pendant 2 à 3 minutes et servez sans attendre, parsemé de persil.

Dégustez bien chaud avec, éventuellement, un dernier tour de poivre et un trait d'huile d'olive.

Bon appétit !

MON CHOUCHOU

Penne au chou-rave

Le chou-rave est un de mes légumes préférés. Je suis toujours surpris qu'il ne soit pas plus connu et plus apprécié : sa chair douce, juteuse et savoureuse est tout aussi délicieuse crue que cuite. Et il offre de multiples possibilités en cuisine française, italienne, indienne... On peut en faire des pickles délicieux. Bref, c'est mon chouchou !

Ici, je vous propose de l'accommoder avec des penne, comme on le fait parfois en Italie. Même s'il est délicat, son parfum, allié à un peu d'ail et d'huile d'olive, suffit à habiller les pâtes. Il prend par ailleurs une texture délicieusement fondante qui contraste avec la pasta al dente... C'est magique.

Je vous raconte ?

Ingrédients

(pour 2 personnes)

- **220 g de penne**
- **2 choux-raves**
- **1 oignon**
- **1 gousse d'ail**
- **1 pincée de piment rouge en poudre (Espelette pour moi)**
- **Sel et poivre**
- **Huile d'olive**
- **1 c à café de sauce de soja (facultatif)**
- **Quelques brins de persil**

Préparation

Chauffez 3 cuillères à soupe d'huile d'olive dans une petite cocotte et faites revenir la gousse d'ail coupée en 2 ou 3 pendant 1 minute, sans la faire brûler. Ajoutez ensuite l'oignon finement ciselé et faites-le revenir avec une pincée de sel jusqu'à ce qu'il soit translucide.

Pendant ce temps, pelez les choux-raves, coupez-les en tranches d'1/2 cm environ et recoupez les tranches en bâtonnets de la taille des pâtes.

Ajoutez le chou-rave dans la cocotte et faites revenir 2 minutes, puis ajoutez 2 ou 3 cuillères à soupe d'eau. Couvrez et laissez cuire 15 à 20 minutes.

Faites chauffer une grande casserole d'eau, salez à ébullition et faites cuire les pâtes 1 minute de moins que ce qui est indiqué sur le paquet.

Émincez les tiges des brins de persil et réservez les feuilles pour la décoration finale. En fin de cuisson des choux-raves, ajoutez une pincée de piment d'Espelette et les tiges de persil.

Lorsque les pâtes sont prêtes et les choux-raves aussi (c'est à dire fondants, mais surtout pas écrasés), mélangez les 2 et laissez chauffer 3 minutes de plus.

Versez dans le plat de service et poivrez. Parsemez de persil haché et servez sans attendre.

Bon appétit !

Tofu
et seitan

Un bon mafé

Le mafé, originaire du Mali, est un plat africain emblématique. On le reconnaît à sa sauce crémeuse à l'arachide, agrémentée de tomates et plus ou moins relevée. Traditionnellement, on utilise la pâte d'arachide Dakatine dont la boîte est célèbre dans toute l'Afrique.

Je connais peu l'Afrique, mais ai eu la chance d'aller une fois en Côte d'Ivoire (en 1999) où ma belle-famille de l'époque avait longtemps vécu. Nous avions aussi quelques amis sénégalais, et il arrivait que l'on cuisine ensemble du mafé...

J'adorais ces plats et prenais beaucoup de plaisir à aller faire mes achats dans le quartier de Château-Rouge à Paris avant de passer derrière les fourneaux. Je pensais ne jamais plus en manger jusqu'au jour où j'ai décidé de végétaliser mon mafé avec du seitan. Cette recette n'a pas la prétention d'être authentique mais elle m'a permis de retrouver le plaisir de l'original...

Je vous raconte ?

Ingrédients

(pour 4 personnes)

- 300 g de seitan
- 2 carottes
- 1 patate douce
- 1/2 petit chou blanc
- 1 gros oignon
- 1 courgette
- 2 tomates
- 1 c à soupe bombée de choucroute ou de carottes râpées fermentées (facultatif)
- 1 cm de gingembre
- 1 feuille de laurier
- 2 jolis brins de thym
- 1/2 bouillon cube de légumes
- 2 c à soupe d'huile
- 2 c à soupe rase de concentré de tomates
- 2 c à soupe bombées de pâte d'arachide
- 2 pincées de paprika fumé
- Piment frais ou sec à votre goût
- Persil

Préparation

Placez la pâte d'arachide dans un bol avec 1/2 verre d'eau très chaude et mélangez. Cette étape facilitera sa dissolution dans la sauce plus tard. Réservez.

Pelez les carottes et la patate douce puis coupez-les en morceaux. Lavez, séchez et découpez la courgette et les tomates en dés.

Rincez le chou, retirez le trognon et tranchez-le en lamelles.

Pelez et émincez l'oignon.

Dans une cocotte, faites chauffer un peu d'huile et faites dorer le seitan coupé en gros morceaux pendant 2 minutes. Ajoutez l'oignon émincé et faites revenir le tout pendant 5 bonnes minutes.

Ajoutez alors tous les légumes et les tomates. Ajoutez également la cuillère de légumes fermentés (choucroute ou carottes) et le gingembre haché. Émiettez le bouillon cube, salez et poivrez. Ajoutez le laurier, le thym, le paprika fumé et le piment.

Couvrez d'eau à hauteur. Puis dissolvez le concentré de tomates.

Portez à ébullition et laissez cuire à gros bouillons et sans couvercle pendant environ 30 minutes, afin de faire évaporer une bonne partie du liquide et de cuire les légumes.

Ajoutez la pâte d'arachide en veillant à bien la dissoudre dans la sauce. Laissez cuire, toujours à feu vif, pendant 15 à 20 minutes.

La sauce doit épaissir, devenir bien crémeuse et, vers la fin, on peut voir un peu d'huile d'arachide se séparer en surface.

Servez bien chaud avec du riz et décorez d'un peu de persil haché.

Bon appétit !

LE BEL OREILLER

Pâté en croûte de fêtes

Le pâté en croûte est un incontournable des tables de fête : la pâte croustillante et la farce généreuse... c'est bien appétissant et festif. Dans la cuisine française de grande tradition, il y en a un, emblématique, appelé l'Oreiller de la belle Aurore composé d'une dizaine de viandes différentes. La recette remonte au 19e siècle et elle a été dédiée à la mère de Brillat-Savarin qui s'appelait Aurore.

J'aime bien les pâtés en croûte, qui m'évoquent aussi le pâté lorrain de mon enfance, cuisiné par ma grand-mère et ma tante. J'ai donc fait plusieurs essais pour arriver à celui-ci, avec sa farce bien riche et parfumée. Et quand j'ai replié pour la première fois ma pâte sur la farce, en forme de petit coussin, le nom d'Oreiller m'est venu naturellement, toute proportion gardée.

Je vous raconte ?

Ingrédients

(pour 4 à 6 personnes)

- 500 g de pâte brisée (ou feuilletée)
- 150 g de tofu fumé
- 1 dizaine de tomates séchées
- 5 champignons shiitake séchés (ou cèpes secs)
- 40 g de protéines de soja
- 1 c à soupe d'huile de truffe (à défaut huile de noisette)
- 1 dizaine de champignons de Paris
- 1 c à café bombée d'agar agar
- 2 c à soupe de fécule de maïs
- 1 dizaine de noisettes
- 2 gousses d'ail
- Quelques brins de persil
- Poivre (n'hésitez pas à en mélanger plusieurs)
- Huile d'olive
- Lait végétal et margarine pour la dorure

Préparation

Placez les protéines de soja, les champignons secs et les tomates séchées dans 1/2 litre d'eau chaude. Ajoutez l'huile de truffe. Laissez gonfler pendant 1 heure.

Au bout de l'heure, égouttez et pressez les ingrédients. Conservez une louche du bouillon de trempage.

Concassez grossièrement les noisettes dans un mortier.

Ôtez les pieds des champignons de Paris, lavez et séchez les têtes puis hachez-les en duxelles.

Dans une poêle, faites-les revenir avec un peu d'huile d'olive ; quand ils commencent à réduire, ajoutez les tomates séchées et les shiitake que vous aurez hachés aussi. Versez la louche de bouillon.

Laissez cuire encore 5 minutes jusqu'à évaporation. Ajoutez l'ail haché à la fin et laissez sauter 1 minute de plus.

Placez le contenu de la poêle dans un saladier. Émiettez le tofu fumé et ajoutez-le.

Ajoutez l'agar agar, la fécule de maïs ainsi que les noisettes concassées. Complétez par le persil haché, salez et poivrez.

Mélangez intimement tous les ingrédients (avec les mains) jusqu'à obtention d'une farce bien homogène.

Vous pouvez l'utiliser immédiatement ou la réserver jusqu'au lendemain.

Préchauffez le four à 190°C.

Placez la moitié de la pâte abaissée en cercle sur une plaque revêtue de papier cuisson. Placez la farce en boule un peu aplatie au milieu de la pâte. Repliez les côtés sur la farce de façon à former un rectangle. Il va vous rester une partie de farce à découvert sur le dessus. Couvrez avec un rectangle du reste de pâte.

Scellez la pâte à l'aide de vos doigts légèrement mouillés.

Décorez de jolis motifs, en forme de feuilles par exemple, avec les chutes de pâte. Collez-les à l'aide d'un peu d'eau.

Badigeonnez au pinceau toute la surface du pâté avec 1 cuillère à soupe de margarine fondue mélangée à 2 cuillères à soupe de lait végétal.

Enfournez pour environ 1 heure. La pâte doit être bien dorée et durcie. Un petit coup (délicat) avec le manche d'un couteau permet de s'en assurer : le bruit doit être sourd.

Servez à température ambiante. On peut aussi le déguster chaud, mais il se tiendra un peu moins bien.

Bon appétit !

Tofu à la citronnelle (Đậu hũ nướng sả)

Il me suffit, à Paris, de commencer à émincer un bâton de citronnelle pour me sentir transporté au Vietnam... Ce pays que j'aime tant. On n'utilise que les 3 ou 4 premiers centimètres (partie bombée blanche, le bulbe) pour cette recette. La partie fine et verte peut servir à aromatiser un bouillon ou un curry.

Il faut du tofu très ferme. Je l'achète en magasin bio par facilité, mais celui que vendent les magasins asiatiques est souvent meilleur. Le principe est de bien l'égoutter et le presser avant de le découper pour qu'il absorbe la marinade.

Ce plat très facile et rapide à préparer est idéal pour découvrir le tofu et c'est un vrai dépaysement... Il est délicieux avec un bon riz chaud, un peu de sauce pimentée et des pickles.

Je vous raconte ?

Ingrédients

(pour 2 personnes)

- 200 g de tofu ferme
- 1 bâton de citronnelle
- 1 gousse d'ail
- 1 petite échalote
- 1 c à soupe de sauce de soja foncée
- 2 c à soupe de sauce de soja claire
- 1 c à café de jus de citron vert
- 1 c à soupe rase de sucre
- 2 c à soupe d'huile végétale
- Coriandre fraîche pour servir
- Sauce pimentée

Préparation

3 heures à l'avance (environ) :

Enveloppez le tofu dans plusieurs couches de papier absorbant (ou dans un tissu propre), posez-le sur une assiette et placez un poids dessus (une petite planche à découper ou une autre assiette, avec une boîte de conserve ou un grand verre rempli d'eau...). L'excédent de liquide contenu dans le tofu va ainsi s'écouler et, bien égoutté, il absorbera mieux les saveurs. Laissez-le poser ainsi pendant 30 minutes à 1 heure.

Pendant ce temps, préparez la marinade :

Retirez les premières peaux de la citronnelle si elles sont dures et coupez l'extrémité du bulbe à ras.

Écrasez le bulbe d'un coup sec avec le plat du couteau, puis émincez-le très finement. Émincez également la gousse d'ail et l'échalote. Placez-les dans un plat avec le sucre.

Ajoutez les sauces de soja, l'huile et le jus de citron. Mélangez bien.

Coupez le tofu en morceaux (cubes de la taille d'une petite bouchée ou lamelles) et placez-le dans la marinade. Mélangez délicatement et placez au frais jusqu'au moment de le cuisiner.

Vous pouvez vous contenter d'1 ou 2 heures de marinade ou attendre le lendemain. Si vous y pensez, remuez-le de temps en temps jusqu'au moment de le cuire.

Au moment de la dégustation :

Faites chauffer un fond d'huile dans une poêle. Quand elle est chaude, versez le tofu, répartissez-le bien pour le saisir. Le tofu doit vraiment

« griller » et se durcir un peu en surface. Baissez le feu et laissez cuire encore quelques minutes, en retournant les morceaux afin qu'ils soient dorés sur toutes les faces.

Ajouter un peu de marinade et de citronnelle en fin de cuisson. Coupez le feu.

Servez bien chaud parsemé de quelques pluches de coriandre.

Bon appétit !

Tofu au caramel et au poivre (Đậu hũ kho tiêu)

J'étais vraiment content quand j'ai mis au point cette recette de tofu au caramel. Sans regret aucun depuis que je suis végétarien, j'avais néanmoins un souvenir délicieux du porc au caramel, comme j'ai appris à le faire, avec une touche généreuse de poivre (tiêu), il y a une vingtaine d'années.

Le tofu fumé apporte ici une profondeur de goût. On peut aussi utiliser du nature et, dans ce cas, je vous conseille de bien l'égoutter puis de le fendre en croisillons et de l'arroser de sauce de soja une heure avant de le cuire. C'est ce que l'on fait au Vietnam quand on cuisine le tofu de cette façon.

L'huile de coco apporte une note soyeuse dans le sucre et le poivre de Phú Quốc, en faisant de jolis ronds dans la sauce. Dans le Sud du Vietnam, d'ailleurs, on mouille le porc au caramel avec de l'eau de jeunes noix de coco...

Je vous raconte ?

Ingrédients

(pour 2 personnes)

- 250 g de tofu fumé
- 2 échalotes
- 1 gousse d'ail
- 2 c à soupe d'huile
- 2 c à soupe de sucre roux
- 4 c à soupe de sauce de soja claire
- 2 c à soupe de jus de citron vert
- 1 à 2 c à café de vinaigre balsamique
- 1 verre d'eau de coco (ou d'eau)
- 1 à 2 c à soupe d'huile de coco
- 1 c à café de poivre noir fraîchement moulu
- 1 pincée de paprika fumé (facultatif)
- 1 pincée de cardamome noire râpée (facultatif)
- 1 tige de ciboule ou de vert d'oignon nouveau (à défaut, de la ciboulette)

Préparation

Epongez le tofu. Pelez et émincez finement l'ail et l'échalote.

Coupez le tofu en morceaux pas trop gros, en lamelles par exemple. On peut aussi le déchirer à la main.

Faites sauter l'ail et l'échalote quelques minutes dans un peu d'huile neutre sans coloration.

Ajoutez le tofu et faites-le dorer 5 minutes.

Ajoutez le sucre ; quand il est fondu et commence à caraméliser, ajoutez la sauce de soja et le jus de citron.

Laissez bouillonner encore 30 secondes puis versez l'eau. Ajoutez l'huile de coco, le vinaigre balsamique et le poivre puis portez à ébullition.

Baissez le feu et laissez cuire à petits bouillons pendant 20 à 30 minutes, avec un couvercle entrouvert. On peut aussi mettre un peu plus d'eau et prolonger la cuisson jusqu'à 1 heure.

Quand le tofu est bien imbibé et que la sauce a réduit et caramélisé, poivrez encore un peu et servez parsemé de tronçons de ciboule.

Servez accompagné de riz parfumé bien chaud et de pickles.

Bon appétit !

CAMBODGIEN

Tofu lok lak

Le lok lak est sans doute la première recette vietnamienne que j'ai appris à cuisiner et une des premières que j'ai eu envie de végétaliser.

Le lok lak est un plat qui illustre la magie de la cuisine et les voyages des humains. C'est à l'origine une façon de préparer le bœuf inspirée par la colonisation française : le steak était sauté en cubes, pour pouvoir se manger avec des baguettes. Pas d'herbes aromatiques en accompagnement, mais une « salade française », salade verte et tomates, et du riz sauté avec des oignons et de la sauce tomate.

Avec les migrations frontalières, la recette est entrée au Cambodge où elle est devenue si populaire qu'on la considère comme un plat national. Au passage son nom s'est transformé : de Bò lúc lắc, qui veut dire, littéralement, « bœuf sauté » en vietnamien, à lok lak.

Au Vietnam, on le sert avec l'accompagnement le plus simple et le meilleur que je connaisse, la sauce Muối Tiêu Chanh, littéralement sel-poivre-citron, un petit mélange dans lequel on trempe les cubes de viande... ou de tofu, c'est une merveille !

Je vous raconte ?

Ingrédients

(pour 2 personnes)

Pour le riz :

- 1 gros bol de riz parfumé cuit
- 1 c à café bombée de concentré de tomate
- 1 petit oignon
- Sel

Pour le tofu sauté :

- 200 g de tofu ferme
- 1 c à soupe de sauce de soja chinoise foncée
- 2 c à soupe de sauce de soja classique
- 2 c à café de jus de citron vert
- 1 belle pincée de sucre
- 1 c à soupe de farine ou de fécule
- Poivre du moulin
- Huile neutre
- Ciboule ou oignon nouveau pour la touche finale

Accompagnement :

- Quelques rondelles de tomates (à la saison) ou concombre
- Salade verte
- 1 c à café de sel fin
- 1 c à café de poivre
- 2 petits quartiers de citron vert

Préparation

Marinade :

1h30 à l'avance environ, placez le tofu dans un linge ou un papier absorbant, entre 2 assiettes ou planches à découper, avec un poids par-dessus. Laissez-le égoutter au moins 30 minutes (plus si vous avez le temps).

Une fois égoutté, coupez le tofu en cubes de la taille d'une bouchée.

Mélangez les 2 sauces de soja, le jus de citron, 1 cuillère à soupe d'huile, le sucre et poivrez à votre goût. Placez le tofu dans cette marinade et mélangez bien de façon à enrober chaque cube de liquide.

Laissez reposer 30 minutes à 1 heure en remuant de temps en temps.

Le riz rouge :

Avant de cuire le tofu, émincez l'oignon épluché et faites-le sauter 3 minutes dans un wok. Ajoutez le riz cuit et faites revenir avec l'oignon quelques minutes ; dissolvez le concentré de tomate dans un fond d'eau et ajoutez-le au riz.

Salez légèrement et continuer à faire sauter en mélangeant bien les ingrédients pour obtenir un riz rouge bien homogène. Réservez au chaud.

Cuisson du tofu :

Faites chauffer un peu d'huile dans un wok. Farinez les cubes de tofu et remuez rapidement.

Jetez-les dans l'huile bien chaude et faites-les dorer environ 5 minutes, en remuant régulièrement.

Placez le sel, le poivre et un quartier de citron vert sur des petites coupelles individuelles.

Pendant que le tofu cuit, dressez l'assiette avec la salade, des pickles (ou des rondelles de tomates en saison).

Donnez une jolie forme à votre riz en le tassant dans un petit bol et en le retournant sur l'assiette de service.

Terminez par le tofu bien chaud et servez sans attendre.

Une fois à table, chaque convive presse le citron dans le sel et le poivre et y trempe ses cubes de tofu avant de les déguster.

Bon appétit !

TOFU NEGI

Tofu teriyaki et poireaux grillés

Pour cette recette, je me suis inspiré d'un plat de la spécialiste de cuisine japonaise Chiiro Masui : le kamo-negi, littéralement le canard aux poireaux. J'ai gardé l'esprit de la recette mais je l'ai préparée avec du tofu fumé et servie avec du riz. Du tofu ferme nature convient aussi.

Le tofu caramélisé dans la sauce teriyaki est délicieux et se combine très bien avec la relative austérité des petits poireaux que l'on grille pour obtenir un goût fumé et une texture un peu fondante. Il faut prendre de jeunes poireaux et utiliser la partie la plus tendre, blanche ou vert pâle. Au Japon, en effet, les poireaux sont beaucoup plus tendres et parfumés que ceux que l'on trouve ici, entre poireau et oignon nouveau.

Je vous raconte ?

Ingrédients

(pour 2 personnes)

- 2 ou 3 petits poireaux fins ou 3 oignons nouveaux
- 200 g de tofu fumé
- 4 c à soupe de sauce teriyaki
- 1 c à soupe de fécule
- Poivre
- Huile de sésame
- Graines de sésame

Sauce teriyaki :

- 2 c à soupe de sauce de soja
- 1 c à soupe de saké
- 2 c à soupe de mirin

Préparation

Lavez bien les poireaux en veillant à ne pas laisser de sable entre les feuilles.

Séchez-les et coupez-les en tronçons de 10 cm environ.

Chauffez un peu d'huile de sésame dans une poêle et jetez-y les poireaux. Cuisez à feu vif pour bien les « brûler », puis baissez le feu et laissez-les cuire encore quelques minutes. On veut les griller mais pas les cuire complètement à cœur.

Coupez le tofu en lamelles de 5 mm d'épaisseur puis farinez-les avec un peu de fécule.

Dans une autre poêle, avec un peu d'huile, saisissez le tofu puis laissez-le cuire en le retournant de temps en temps jusqu'à ce qu'il soit bien doré.

Baissez le feu, versez la sauce teriyaki et faites réduire à feu moyen en retournant souvent les tranches pour bien les caraméliser de chaque côté.

Assurez-vous que l'ensemble est bien chaud et servez sans attendre avec du riz ou des soba...

Bon appétit !

ROUGE COCOTTE

Tofu en sauce épicée

Un plat simple et rapide - une recette du placard - plein de saveurs et de couleurs, aux accents un peu tex-mex, pour découvrir le tofu autrement : tendre et mijoté dans une sauce.

J'ai mélangé du tofu fumé et nature pour cette recette, afin d'avoir le petit goût du premier sans qu'il envahisse le plat. Dans cette sauce riche et estivale, la texture du tofu est merveilleuse.

Pour les épices, indispensables à ce plat, j'utilise du cumin, beaucoup, et un mélange d'inspiration mexicaine composé de paprika, oignon sec, coriandre, origan, persil et piment.

Je vous raconte ?

Ingrédients

(pour 2 personnes)

- 100 g de fèves ou de petits pois (frais ou surgelés)
- 1 carotte
- 1 petit bulbe de fenouil
- 1 oignon rouge
- 100 g de tofu ferme nature
- 100 g de tofu ferme fumé
- 50 cl de purée de tomates au naturel (passata)
- 100 g environ de petits poivrons pelés en conserve (ou 1 poivron rouge frais)
- 1 c à café de cumin en poudre
- 1,5 c à café de mélange mexicain
- Huile d'olive
- Sel et poivre
- 1/2 citron vert
- Persil ou coriandre fraîche

Préparation

Placez le tofu dans un linge ou un papier absorbant sur une assiette avec un poids par-dessus (une planche à découper ou une casserole par exemple). Laissez égoutter au moins 30 minutes.

Faites revenir dans un peu d'huile chaude la carotte taillée en rondelles, le fenouil et l'oignon émincés ainsi que les fèves (ou petits pois).

Pendant que les légumes cuisent, taillez le tofu en dés de la taille d'une bouchée.

Ajoutez les poivrons coupés en lamelles aux légumes puis le tofu et la purée de tomates.

Salez et poivrez, saupoudrez d'épices et portez à ébullition. Laissez mijoter une trentaine de minutes à couvert.

Goûtez et rectifiez l'assaisonnement avant de couper le feu ; transférez dans un plat de service.

Servez avec un bon riz chaud et dégustez arrosé d'un peu de jus de citron vert...

Bon appétit !

Desserts

DESSERT D'ENFANCE ET GELÉE

Mon aspic de pommes

L'aspic est une préparation en gelée dont les origines remontent au Moyen-Age et c'était en général un plat salé. Mais pour moi, c'est le dessert de mon enfance que ma tante faisait souvent lorsque j'habitais à Bordeaux. Il est très simple, rapide à faire et peut se préparer la veille.

L'aspic traditionnel cuit assez longtemps et il est très sucré. Mais celui dont je me souviens cuisait moins longtemps. Je me souviens aussi que ma tante y mettait un jus d'orange et du rhum...

Comme gélifiant végétal, j'utilise de l'agar agar et agrémente mon aspic d'écorces d'orange confites et un peu d'angélique.

Je vous raconte ?

Ingrédients

(pour 4 personnes)

- 7 jolies pommes
- Le jus d'1 orange
- 1 c à soupe de rhum
- 100 g de sucre
- 2 ou 3 c à soupe de fruits confits (écorces d'orange, angélique...)
- 1,5 c à café d'agar agar

Préparation

Pelez les pommes, placez-les dans une casserole avec le sucre et 1/2 verre d'eau et faites-en une jolie compote.

Quand la compote est cuite à votre goût, faites dissoudre l'agar agar dans le jus pressé de l'orange et versez dans la casserole. Versez aussi le rhum.

Laissez cuire encore 5 bonnes minutes (l'agar agar doit bouillir pour prendre ses propriétés gélifiantes).

Coupez le feu et ajoutez les écorces d'orange et l'angélique.

Placez la compote dans un saladier ou un moule de la forme de votre choix (moule à savarin par exemple).

Laissez refroidir puis placez au réfrigérateur pour au moins 8 heures ou toute une nuit.

Démoulez, décorez et servez bien frais.

Bon appétit !

A MA MÈRE

Tarte à la rhubarbe 100% végétale

Je n'aimais pas la rhubarbe étant enfant, ni trop les desserts d'ailleurs, surtout ces tartes crémeuses, comme on les fait en Normandie. Je préférais alors les tartes sur un fond de compote... Tout cela désespérait un peu ma mère qui avait des origines normandes et adorait la rhubarbe...

Mais maintenant, c'est un de mes dessert préférés et dès que le printemps est là et que la rhubarbe est de retour, je fais une tarte qui me rappelle de bons souvenirs. Celle-ci est une version sans œufs de la tarte de mon enfance.

Je vous raconte ?

Ingrédients

(pour 5 à 6 parts - moule de 26 cm)

Pour la pâte :

- 190 g de farine
- 1 c à soupe de maïzena
- 2 c à soupe de poudre d'amande
- 1 c à soupe bombée de sucre roux
- 90 g de margarine
- 4 à 5 c à soupe d'eau

Pour l'appareil :

- 200 ml de lait de soja
- 90 g de sucre roux + 1 c à soupe pour la rhubarbe
- 3 c à soupe de fécule de maïs
- 1 c à soupe de poudre d'amande
- 4 tiges de rhubarbe

Préparation

Coupez la rhubarbe en tronçons en la débarrassant de la peau et des fils qui seraient désagréables en bouche. Saupoudrez d'une cuillère à soupe de sucre roux et laissez-la dégorger.

Placez la farine, la poudre d'amande, la fécule, une pincée de sel et le sucre dans un saladier. Ajoutez la margarine en petits dés et sablez du bout des doigts.

Ajoutez alors l'eau, en 2 fois pour ne pas en mettre trop, formez la boule et « fraisez » en l'écrasant 2 fois sur le plan de travail. Reformez la boule et laissez-la reposer 30 minutes.

Idéalement, pour faciliter le processus et le démoulage ensuite, abaissez la pâte sur un papier cuisson. Placez la pâte dans un moule à tarte avec le papier (pas besoin de graisser).

Piquez la pâte, puis disposez joliment vos tronçons de rhubarbe. S'il y en a trop, serrez un peu au détriment de l'esthétique ou gardez-les pour une compote ou un crumble.

Dans le même saladier, mélangez au fouet le lait de soja, le sucre, la fécule et la poudre d'amande destinés à l'appareil. Versez doucement sur le fond de tarte pour ne pas déplacer la rhubarbe.

Enfournez à 180°C pour environ 45 minutes. Vérifiez bien, avant de sortir la tarte, que la pâte est dorée et que la crème est prise (elle finira de se raffermir en refroidissant).

Démoulez la tarte lorsqu'elle est froide.

Bon appétit !

SAMOSAS SUCRÉS

Petits triangles aux abricots

Un joli dessert d'été, simple et appétissant : des samosas aux abricots... Avec ces fruits, je fais le plus souvent des tartes, des crumbles et des clafoutis, mais ces petits triangles sont délicieux et originaux.

Il suffit de préparer une petite compotée assez épaisse bien à l'avance pour lui permettre de refroidir et d'en farcir des feuilles de brick.

On peut préparer ces samosas un peu à l'avance, mais pas plus de quelques heures sinon ils risqueraient de ramollir.

Je vous raconte ?

Ingrédients

(pour une quinzaine de samosas)

- **Une douzaine d'abricots**
- **50 g de sucre roux**
- **1 sachet de sucre vanillé**
- **1 c à soupe rase de fécule de maïs ou de pomme de terre**
- **1 pomme**
- **7 ou 8 feuilles de brick**
- **2 c à soupe de sucre glace**
- **2 pincées de cannelle**
- **Huile d'olive**

Préparation

Lavez, séchez et dénoyautez les abricots, pelez la pomme puis coupez les fruits en morceaux. Placez-les dans une casserole avec le sucre, le sucre vanillé et la fécule dissoute dans 1/2 verre d'eau.

Faites cuire sur feu moyen, jusqu'à obtention d'une compote un peu épaisse. Laissez-la refroidir complètement ; elle continuera d'épaissir en refroidissant.

Au moment de préparer les samosas, sortez les feuilles de brick et coupez-les en deux au centre.

Repliez une 1/2 feuille de brick horizontalement et placez une grosse cuillère à café de compote à l'extrémité droite.

Repliez en triangle en descendant par-dessus la compote. Pliez une seconde fois, en remontant, toujours en conservant une forme de triangle. Poursuivez le pliage de la même façon jusqu'à ce qu'il ne reste plus qu'un petit morceau que vous glisserez dans le triangle pour le fermer. Cf. illustration.

Recommencez jusqu'à épuisement des ingrédients. Huilez à l'aide d'un pinceau les samosas des 2 côtés et placez-les sur une feuille de cuisson.

Enfournez à 180°C pour 15 minutes environ jusqu'à ce qu'ils soient bien dorés.

Laissez refroidir et saupoudrez de sucre glace additionné des 2 pincées de cannelle.

Bon appétit !

Crumble gourmand aux pommes

Au fil des années, les crumbles sont devenus un de mes desserts de base, alors que je ne les aimais pas beaucoup autrefois. Celui-ci, très parfumé, avec des pommes mœlleuses dans leur jus un peu gélifié, avec une pâte bien croustillante et une touche de cannelle m'évoque les crumbles américains.

Pour obtenir la bonne texture des fruits, il faut du sucre non raffiné, riche en mélasse, et un peu de fécule de maïs. Pour le parfum, il faut de bonnes pommes qui ont du goût et, idéalement, qui se tiennent à la cuisson, mais toutes les pommes peuvent convenir. Et de la cannelle !

Quant à la pâte, elle doit être épaisse et généreuse. Aux États-Unis, on appellerait d'ailleurs sans doute ce dessert un « Apple Crisp », le crumble ayant à l'origine une pâte plus fine, avec de moins gros morceaux.

Je vous raconte ?

Ingrédients

(pour 6 personnes)

- 6 belles pommes
- 175 g de farine (blanche ou petit épeautre)
- 110 g de margarine
- 60 g de sucre muscovado (dont 2 c à soupe rases pour les pommes)
- 60 g de sucre roux
- 2 c à soupe bombées de fécule de maïs
- 1/2 c à café de cannelle

Préparation

Si les pommes sont bio, pelez-les partiellement en laissant ici ou là un peu de peau qui donnera du goût et de la couleur. Sinon, pelez-les entièrement. Coupez-les en gros dés.

Saupoudrez-les de 2 cuillères à soupe de sucre muscovado, d'1 cuillère à soupe de fécule et de cannelle.

Mélangez et laissez reposer le temps de préparer la pâte.

Placez dans un saladier la margarine, le reste des 2 sucres, la farine, une cuillère à soupe de fécule et une pincée de sel.

Mélangez du bout des doigts, jusqu'à obtenir une pâtes grossière et sableuse.

Versez les pommes dans un plat à four graissé et fariné et répartissez la pâte sur les pommes.

Enfournez à 200°C pour environ 45 minutes. Le jus des pommes doit faire des bulles épaisses autour du moule et la pâte doit être bien dorée.

Servez selon votre goût - refroidi pour moi - avec un voile de sucre glace au dernier moment.

Bon appétit !

SANS ŒUFS

Amaretti 100% végétaux

Vous avez sans doute entendu parler de l'aquafaba, l'eau de cuisson des pois chiches dont les propriétés sont comparables à celles du blanc d'œuf. Il peut s'agir du liquide de cuisson maison refroidi ou du jus d'un bocal, à condition bien sûr qu'il soit non assaisonné...

L'aquafaba se garde 4 à 5 jours au frais, ce qui permet de faire quelques expériences ! Ici, j'ai adapté ma recette classique d'amaretti, en remplaçant le blanc d'œuf par de l'aquafaba. C'est bluffant !

Je vous raconte ?

Ingrédients

(pour une douzaine d'amaretti)

- **50 g environ d'aquafaba**
- **120 g de poudre d'amandes**
- **90 g de sucre**
- **1/2 c à café d'extrait d'amande**
- **Sucre glace**

Préparation

Battez l'aquafaba au fouet pendant 5 minutes pour obtenir une texture un peu mousseuse.

Versez le sucre et la poudre d'amande par-dessus, ainsi que l'extrait d'amande.

Mélangez délicatement, jusqu'à obtention d'une boule de pâte collante et humide.

Avec vos mains légèrement mouillées, formez de petites boules et disposez-les sur une feuille de cuisson. Puis pressez-les doucement pour les aplatir un peu.

Saupoudrez généreusement de sucre glace et laissez reposer 30 minutes à 1 heure.

Enfournez à 160°C pendant une vingtaine de minutes. Les amaretti seront encore un peu mous à la sortie du four mais ils deviendront plus fermes en refroidissant.

Attendez qu'ils soient bien refroidis pour les décoller de la feuille de cuisson.

Bon appétit !

CLASSIQUE

Tarte fine aux pommes

La tarte fine aux pommes est un classique et sa recette obéit à quelques règles : d'abord, il faut un peu de matière grasse et de sucre pour la faire caraméliser et dorer. Ensuite, il faut une pâte bien fine, sans « trottoir » qui deviendra croustillante après cuisson.

Je la fais sur une pâte brisée toute simple et la parfume avec de la très bonne cannelle râpée au dernier moment.

Cette tarte est prête en un rien de temps : elle ne nécessite pas de moule, cuit en 30 minutes et refroidit rapidement... Le dessert parfait !

Je vous raconte ?

Ingrédients

(pour 4 parts - à adapter selon la pâte dont vous disposez)

- **200 g de pâte brisée (recette de base page 24)**
- **3 belles pommes**
- **1 c à soupe bombée de sucre roux**
- **Huile d'olive**
- **Cannelle**

Préparation

Étalez finement la pâte en un cercle de la taille de votre plat de service. Roulez le bord tout autour sur ½ centimètre.

Huilez ce fond de tarte avec 1 cuillère à café d'huile d'olive (y compris le bord). Saupoudrez de la moitié du sucre et d'une belle pincée de cannelle.

Pelez les pommes et coupez-les en lamelles bien fines. Disposez-les joliment sur le fond de tarte en les serrant le plus possible.

Saupoudrez du reste de sucre et d'un peu plus de cannelle. Ajoutez quelques gouttes d'huile sur la surface et enfournez à 200°C pour une trentaine de minutes.

N'hésitez pas à allumer le gril du four 5 minutes avant la fin de la cuisson pour faire dorer la surface de la tarte, si elle n'est pas assez dorée à votre goût.

Bon appétit !

MAMIE

Cake aux fruits confits

J'adore le cake aux fruits confits et aux raisins secs trempés dans le rhum. Ça me rappelle des souvenirs d'enfance avec ma grand-mère. Nous le faisions ensemble et je léchais la pâte crue qui restait au fond du saladier.

J'adorais les fruits confits. Ma grand-mère en avait toujours en réserve et m'en donnait de temps en temps. Il y avait tout un rituel : nous les choisissions dans les boîtes, rangées sur une petite étagère du cellier, et les disposions sur un petit plateau en bois doré. Et puis je les mangeais avec recueillement...

Je vous propose ici ma version végétale de la recette classique. On remplace les œufs par du yaourt pour donner de l'humidité et un peu de fécule pour apporter de la tenue. La poudre à lever assure une belle pousse et j'utilise une bonne margarine pour la matière grasse. Il est aussi possible d'utiliser de l'huile (10 cl pour remplacer 125 g de margarine).

Je vous raconte ?

Ingrédients

(pour 1 moule à cake de 26 cm)

- 125 g de margarine ramollie
- 150 g de sucre roux
- 1 pincée de sel
- 2 yaourts de soja, soit 200 g de yaourt environ
- 1 c à soupe de fécule de maïs
- 200 g de farine de blé T65
- 1 c à café bombée de poudre à lever
- Fruits confits de votre choix (en vérifiant bien les colorants utilisés...)
- 2 c à soupe de raisins secs
- 2 ou 3 c à soupe de rhum

Préparation

Placez les raisins secs dans le rhum avec 1 cuillère à soupe d'eau 2 heures à l'avance (ou chauffez et laissez reposer au moins 15 minutes).

Préchauffez le four à 150°C.

Dans un saladier, mélangez la margarine ramollie avec le sucre. Ajoutez les yaourts et la fécule. Mélangez.

Roulez les fruits confits et les raisins bien égouttés dans la poudre à lever, ajoutez dans le saladier. Mélangez encore.

Tamisez la farine avant de l'ajouter au reste avec une pincée de sel. Mélangez une dernière fois mais sans excès.

Graissez et farinez le moule à cake et versez-y la préparation.

Enfournez à 150°C et montez le four à 210°C pour 10 minutes, puis baissez à 150°C et laissez cuire environ 45 minutes.

Vérifiez la cuisson vers la fin, en piquant une lame de couteau qui doit ressortir propre.

Démoulez et laissez refroidir sur une grille avant de vous régaler ! Ce cake se conserve 3 ou 4 jours, bien emballé. Et il est meilleur le lendemain...

Bon appétit !

DESSERT LIMOUSIN

Flognarde aux figues

Puisque le terme clafoutis est en principe réservé aux cerises, ce dessert est donc une flognarde... Après plusieurs essais au fil du temps, je suis arrivé à cette pâte parfaite pour les flognardes ou les clafoutis 100% végétaux que l'on peut décliner à l'infini. J'aime bien faire caraméliser à la poêle certains fruits comme les pommes ou les figues (sauf si elles sont très mûres) avant de les mettre dans la pâte, mais ce n'est pas indispensable.

N'hésitez pas à utiliser cette pâte de base pour les fruits de l'été ou de l'automne : cerises bien sûr, mais aussi abricots, pêches ou mirabelles...

Je vous raconte ?

Ingrédients

(pour un moule de 22 cm)

- **15 à 20 belles figues mûres**
- **200 g de tofu soyeux**
- **3 c à soupe de farine de petit épeautre (ou farine blanche)**
- **3 c à soupe de fécule de maïs**
- **50 g de sucre roux**
- **50 g de sucre muscovado (+ 2 c à soupe)**
- **100 ml de lait de soja (ou d'amande)**
- **1 c à soupe d'huile d'olive**
- **1/2 c à café de poudre à lever**
- **1 sachet de sucre vanillé**
- **Sel, huile d'olive**

Préparation

Lavez les figues, retirez les queues, séchez-les et coupez-les en 2.

Faites chauffer un peu d'huile d'olive dans une poêle et faites-les dorer 4 à 5 minutes. Ajoutez 2 cuillères à soupe de sucre et faites caraméliser 2 ou 3 minutes de plus, puis coupez le feu.

Graissez un moule et placez-y les figues.

Mixez tous les ingrédients de la pâte ensemble : tofu, lait végétal, huile d'olive, farine, fécule, poudre à lever et les 2 sucres.

Versez le mélange sur les figues.

Enfournez à 200°C pendant 45 minutes environ jusqu'à ce que la flognarde soit un peu dorée et bien gonflée (elle retombera ensuite).

Laissez refroidir complètement avant de démouler.

Ce dessert peut se faire à l'avance et il est même meilleur le lendemain.

Bon appétit !

FRUITS D'ÉTÉ

Peach cobbler

Le cobbler est un dessert rustique du sud des États-Unis. Il est facile, gourmand et régressif, même si l'on n'est pas américain. C'est un cousin du crumble, la différence est qu'au lieu de mettre de la pâte émiettée sur les fruits, on les recouvre d'une sorte de biscuit mœlleux.

Il existe de multiples variantes de ce dessert vieux comme le Nouveau Monde ou presque, puisque l'on trouve le nom « cobbler » au moins depuis les années 1850.

Quant aux fruits, on peut presque tous les utiliser pour ce dessert mais, je ne sais pas pourquoi, c'est toujours en fin d'été, avec les dernières pêches et les dernières nectarines que j'ai envie de le faire...

Je vous raconte ?

Ingrédients

(pour 6 personnes)

- 8 belles pêches ou nectarines
- 1 c à soupe bombée de maïzena
- 2 c à soupe de « brown sugar » ou de sucre roux brut (type muscovado)
- Quelques pincées de cannelle

Pour la pâte :

- 125 g de farine (blanche ou petit épeautre)
- 1 c à soupe de maïzena
- 50 g de sucre roux
- 50 g de brown sugar (voir plus haut)
- 100 g de margarine
- 1 c à café rase de poudre à lever
- 2 ou 3 c à soupe d'eau

Préparation

Lavez et séchez les fruits. Coupez-les en lamelles et placez-les dans un plat à four légèrement graissé, avec la maïzena, la cannelle et le brown sugar.

Mélangez bien puis enfournez à 200°C pendant 15 minutes pour précuire les fruits.

Pendant ce temps, amalgamez tous les ingrédients de la pâte et formez un sable grossier du bout des doigts. Ajoutez peu à peu de l'eau (pour ne pas en mettre trop) jusqu'à former une pâte un peu collante.

Sortez les fruits du four et formez avec vos mains humides de petits pavés de pâte aplatis puis déposez-les sur toute la surface. Saupoudrez d'un peu de sucre.

Enfournez pour une quarantaine de minutes environ, jusqu'à ce que la pâte soit cuite, un peu gonflée et bien dorée.

Servez tiède ou refroidi. Moi, je l'aime comme ça mais aux États-Unis, on le déguste souvent avec de la glace à la vanille.

Bon appétit !

FLOGNARDE ?

Clafoutis à la rhubarbe 100% végétal

La rhubarbe, qui revient aux beaux jours, ouvre souvent pour moi la saison du clafoutis... ou de la flognarde ? Dans ma famille on dit clafoutis à la rhubarbe, en toute contradiction avec ce que j'explique quelques pages plus haut !

Ce clafoutis végétal est sur une base de tofu soyeux qui fait merveille dans ce type de préparation, avec un peu de lait de soja et de fécule. Pour une texture bien prise, j'ai ajouté un peu d'agar agar, cette poudre gélifiante faite à partir d'une algue.

J'ai choisi de peu sucrer mon dessert pour laisser s'exprimer le côté acidulé de la rhubarbe, mais on peut aussi l'adoucir avec plus de sucre ou en y ajoutant quelques fraises ou pommes.

Je vous raconte ?

Ingrédients

(pour 4 à 5 personnes)

- **3 ou 4 bâtons de rhubarbe**
- **200 g de tofu soyeux**
- **3 c à soupe de farine**
- **2 c à soupe bombées de fécule de maïs**
- **1 c à café rase d'agar agar**
- **100 g de sucre roux**
- **100 ml de lait de soja**
- **1 c à soupe d'huile d'olive**
- **1 sachet de sucre vanillé ou quelques gouttes d'extrait de vanille**

Préparation

Nettoyez la rhubarbe en coupant les tiges en tronçons et en tirant la peau et les fils tout du long. Placez dans un bol avec 1 cuillère à soupe de sucre. Réservez.

Placez tous les ingrédients de la pâte dans un mixeur (pas la rhubarbe !) et mixez jusqu'à obtention d'une texture lisse, comme de la pâte à crêpe.

Graissez avec un peu d'huile le plat à four et farinez-le.

Préchauffez le four à 200°C.

Disposez les tronçons de rhubarbe dans le moule et versez la pâte par-dessus.

Enfournez pour 35 à 40 minutes.

Sortez du four quand le clafoutis est pris et un peu doré sur le dessus. Saupoudrez généreusement de sucre et laissez-le refroidir avant de le déguster.

Bon appétit !

Remerciements

Ils ont tout spécialement contribué au financement du Lutsubook dans le cadre de la campagne de financement participatif sur le site Ulule. Je les en remercie chaleureusement et vous laisse découvrir leurs noms :

Arnaud Afergan - Brigitte Aimé - Stéphanie Ala - Florence Alberro - Linh Albert-Dinh Van - Hélène Albou - Hélène Alessandri - Laurence Alloncle - Claire Aloe - Lamia Amad - Christophe Amblot - Anne André - Benjamin Appert - Gisèle Appert - Rachel Arbogast - Lucie Arcoutel - Rémi Arcoutel - Véronique Arnoux - Matthieu Arthupel - Julie Astier - Rodolphe Astori - Claire Astruc - Hélène Azzarello - Frédéric Baillehaiche - Teatske Bakker - Marie-Catherine Bard - Anne Baron - Marc Baronnet - Cécile Barre - Hélène Barret - Pierre-Jacques Barthe - Olivier Bauchet - Benoît Beldame - Killian Belliard - Jessica Benchetrit - Nathalie Benhaida - Françoise Berlamont - Odile Berna - Sophie Bernard - Elsa Bert - Camille Berthet - Gaëlle Bertolin - Damien Binello - Stella Blanc Lacombe - Florence Blaschek - Jérémy Bodard - Bruno Boehm - Coline Boissaux - Floriane Bonnefoy - Benoit Bonnifait - Pascale Bonvallet - Mylène Borsoi - Michèle Bouchet - Florian Bourdet - Evelyne Bourgin - Morgane Bourgin - Jérôme Bourreau - Emile Boustani - Stéphanie Boutrouille - Odile Boynard - Gilbert Branchet - Gaël Brehon - Sarah Breitman - Valérie Brenner - Julie Brossard-Fabry - Jean-Marie Bruandet - Annick Brunot - Salomé Bureau - Luisa Caccia - Ingrid Caffin - Blandine Cailly - Sylvaine Camaret - Larissa Cardou - Thierry Carel - Stéphane Carion - Michèle Carteron Mitrani - Nathalie Caruel - Véronique Cazaubiel - Marie Cazaux - Magali Cecchet - Julie Chabaud - Laetitia Chareyre - Marc Chaya - Manon Chevalier - Marie-Laure Choplin - Aurélien Clerc - Valérie Clin - Anne Elsa Clot - Karine Colman de Nève - Marianne Comps - Eric Corbisier - Chloé Cornuéjols - Oriane Cottier - Benjamin Couet - Sophie Croës - Mélodie Croutte - Pierre Cusson - Adrien Da Costa - Laurent Dandry - Tuan-Anh Dang - Cédric Daniel - Marie Laure Dauly - Emmanuelle Daumas - Cyril Daures - Stéphanie David Roy - Jobic de Calan - Béatrice de Campredon - Alain de Coster - Sabine de Foucaud - Isabelle de Vaucleroy - Patrick Dechin - Myriam Defleur - Bertrand de Foucaud - Emmanuelle Dehedin-Sauvanet - Nathalie Déjardin - Karine Dejean Thin - Fabien Delcroix - Anne-Sophie Delmas - Etienne Delong - Bergamote Demons - Armelle Deschamps - Claire Deschamps - Virginie Desclos - Mathilde Despinois - Emma Destelle - Yves Dewelle - Fabienne Didiot - Julien Doly - Patrick Donzeau-Gouge - Olivier Dord - Elisabeth Drouet - Stéphane Dubard - Auriane Duchemin - Laurent Dumont - Françoise Durin - Carole Durupt Comte - Laurence Dzalba Lyndis - Nicolas Edmery - Françoise Egault - Éric Faller - Julia Fangeaud - Nadège Femenia - Cristina Fiorin - Christel Flores - Edwige Foucault - Corinne Foucher - Vincent Fournout - Rose-Marie Fourtine - Marine Frazao - Marine Frérot - Emmanuel Fréry - Olivier Fruchon - Marie Gabrielle - Frédéric Gachelin - Alexandre Garcia - Manon Garibal - Claire Garrigues - Anne Garro - Alexandre Gerard - Serge Gerard - Morgane Gibert - Jean-Pierre Gicquel - Yasmine Giorello - Frédérique Gira - Magali Giraud-Péguy - Adeline Girerd - Catherine Girolami - Mélissa Gobin-Gallon - Karen Goddet - Guillaume Gourdin - Isabelle Granger - Laurent Guédon - Philippe Guérin - Marion Guillet - Céline Guillon - Corinne Guilloteaux - Nadège Guiraud - Margot Guizzetti - Laurent Halbin - Sylvie Hamm - Nicolas Hartmann - Stéphane Hayez - Sophie Hélouis Larrar - Marie-Claude Hermant - Roger Herrera - Rywka Hochman - Clara Houzelot - Maxime Husser - Cécile Incatasciato - Joëlle Jacob - Olivier Janvier - Catherine Jaouen - Amélie Jeannesson - Harold Jouan - Pascale Joyeux - Sébastien Jus - Hervé Kala - Pascal Klein - Véronique Labord - Brice Lacourieux - Anne-Gaël Ladrière - Annie Lafay - Lionel

Laforgue - Florian Lallemand - Sylvie Lapuyade - Brigitte Lardinois - Sophie Larrar - Joy Lassey - Camille Laugié - Marie Laurent - Valérie Laverdure - Loïc Le Gall - Cyrille Le Goaziou - Stéphanie Le Guenne - Ghislaine Le Picault - Claude Le Roux - Anne Laure Leboucher - Grégory Lécrivain - Hélène et Denis Lefèvre - Véronique Lefèvre - Delphine Lefèvre - Catherine Léger - Yannick Legrain - David Legros - Guillaume Leroux - Louise Levert - Romane Leviel - Katia Levieuge - Julie Levy - Stéphane Libois - Anne-Claire Loiseau - Thibaut Longy - Anne-Sylvie Lucchini - Pascale Macniak - Clément Mahe - Katel Mangon - Yaniv Manne - Bénédicte Manoha - Florence Manoury - Justine Marchix - Catherine Marquet - Aurelie Martinasso - Florette Martinez - Alexandre Marty - Adrien Maselli - Isabelle Maurer - Dan Mccann - Geneviève McInnes - Ross McInnes - Julie Mellini - Béatrice Merigot - Cécile Merle - Thomas Mesa-Sparbe - Jérôme Mesmin - Vicki et Claude Mesmin - Carine Meuwis - Hadrien Miara - Amandine Mias - Marylise Michel - Agnès Miguet-Levy - Dorothée Mireux - Jean-Michel Mocaer - Stéphane Moissette - Gérard Moleins - Raul Montero - Éric Montigné - Carole Moreau Tateossian - Adrian Moriette - Béatrice et Stéphane Mottelet - Marie Noele Mougin - Malika Moussi - Laure Moreau - Nicolas Moreau - Angelina Mozziconacci - Denise Muller - Pauline Muller - Véro Muller - Berengère Muret - Andres Navarro - Marie Néant-Féry - Quynh Chi Nguyen - Sara Nguyen - Thomas Nguyen - Peggy Noble - Zouheir Nsiri - Marie Agnès Orange - Alexandra Origet du Cluzeau - Fabien Orsat - Hélène Ouvrard - Anne Pacalet - Nathalie Paillard - Jennifer Palmer - Christian Paquet - Beena Paradin - Christèle Parayre - Catherine Pellecuer - Julien Perello - Danielle Perret - Nadia Perrot - Cécile Peysson - Isabelle Pfeffer - Anne-Stéphanie et Sébastien Pierry - Armelle Pineau - Olga Piraouette - Philippe Poisson - Olivier Ponsoye - Sylvain Popoff - Frédéric Potier - Céline Printemps - Valérie Prou Ozanne - Bolinna Psalmon - Anne Puybasset - Virginie Quéant - Renaud Quinson - Antonin Rabecq - Céline Raso-Huon - Fabienne Ravassard - Monique Rehri - Céline Reibel - Dominique Reiniche - Sophie Renard - Vincent Renard - Jean-Luc Revol - Emilie Richard - Olivier Richard - Léna Rieg - Linda Rieu - Ariel Rimoux - Thibaut Ringo - Catherine Rogeau - Frederik Rousseau - Stéphanie Ruche - Philippe Ruez - Hélène Ruffinoni - Léa Ryckelynck - Agnès Rzadkiewicz - Arnaud Sabadie - Véronique Sagot - Anne Saint-Gilles - Christine Salmon - Adrien Sansone - Clémence Saugère - Océane Sauvage - Nicolas Savoye - Matthew Schaal - Anne Schlosser - Martine Schoubben - Laurent Sciacca - Michel Simon - Coralie Sopin - Maud Sorin - Annie Sounthone - Carole Souque - Alexandra Spahn - Natali Spasenic - Tal Steinbrecher - Claire Stephan - Françoise Szelevenyi - Catherine Sztencel - Éric Tallon - Simone Teneze - Tullia Teucci - Catherine Thibaux - Cécile Thire - Geoffrey Tivolle - Emma Tocqueville - Cathy Traynard - Gaëlle Truong - Barbara Tryszpiotr-Pineau - Jeanne Valensi - Sarah Vallés - Zoé Van de Wyngaert - Julie Van Den Broucke - Julien Vanrell - Anne Vaugon - Anne-Lise Verdier - Delphine Vergnaud - Claude Véron-Reville - Pauline Vettier - Pierre Vibrac - Franca Vidoni - Estelle Villard - Marie-Céline Virapin - Catherine Voisin - Arne Von Seidlitz - Jocelyne Vuillerot - Isabelle Welcomme - Isabelle Wiart - Sébastien Wisniewski - Laurent Wormser - Leïla Zenak - Marie Ziltener

Sources d'inspiration

Dans ma construction culinaire, avant d'être végé et depuis, quelques personnes, des livres et des blogs ont compté pour moi. Je trouvais important de les citer ici, dans mon premier livre :

Rencontres :

• Beena Paradin avec qui j'ai échangé avant même les débuts du blog sur mes interrogations autour de la cuisine mais aussi sur l'amour de l'Inde,

• Minh Tâm, dont les cours et le blog sont des piliers de culture culinaire vietnamienne,

• Félicie Tocze dont l'approche culinaire libre et l'ouverture m'ont beaucoup inspiré,

• Valérie Duvauchelle pour son approche de la cuisine du vivant et l'amour du Japon,

• Mari Fujii, référence mondiale de la cuisine japonaise des temple zen, la shojin ryori, dont je suis les enseignements chaque fois qu'elle vient à Paris.

Les blogs, végé ou non (car il y de bonnes idées à prendre partout) que je suis :

• La Kitchenette de Miss Tam

• Un Déjeuner de soleil

• Le Japon sur la table

• Holy Cow vegan

• Un peu gay dans les coings

• Ni cru ni cuit

• Veg recipes of India

• Just One cookbook

A propos de l'auteur

Originaire de Bordeaux, Alexandre, créateur de Lutsubo, est parisien depuis plus de 25 ans. Passionné de cuisine et de voyage, il est devenu végétarien il y a 6 ans, et sa cuisine est aujourd'hui majoritairement végétalienne.

Il cuisine depuis son enfance avec sa mère et commence à voyager dès son adolescence, ce qui lui donne très tôt le goût des autres et de ce qu'ils mettent dans leur assiette.

Au fil des années, il développe des liens très forts avec l'Inde, le Japon et le Vietnam, qui influencent beaucoup sa cuisine du quotidien, aussi bien sous la forme de recettes authentiques que d'inspirations très simples, épices ou ingrédients. Ce qui ne l'empêche en rien de fréquenter aussi les cuisines italiennes, américaines, ivoiriennes... tant toutes les cuisines l'intéressent !

Si faire à manger est une passion venue de l'enfance, l'alimentation végétale est venue plus tardivement dans sa vie, à l'occasion d'abord d'un voyage en Polynésie au plus près de la nature et des animaux, puis de nombreux périples en Inde. Ensuite, des lectures et conférences, de Matthieu Ricard notamment, lui ont permis de faire son chemin et ses choix en prenant soin de ne jamais juger ceux des autres.